AF319087

SOCIÉTÉ POLYMATHIQUE DU MORBIHAN.

CATALOGUE

DU

MUSÉE ARCHÉOLOGIQUE

par

J⁰ʰ-M. LE MENÉ,

CHANOINE,

CONSERVATEUR DU MUSÉE.

PRIX : 1 FRANC.

VANNES

IMPRIMERIE GALLES, RUE DE LA PRÉFECTURE.

1881.

Voir à la fin du volume les planches représentant les types prin-
cipaux des objets désignés dans ce Catalogue.

INTRODUCTION.

Le Musée archéologique de Vannes a pris dé grands développements depuis 1850. Des fouilles heureuses, faites sur plusieurs points du département, ont accumulé dans ses vitrines des richesses inappréciables, spécialement pour la période appelée celtique ou préhistorique. La série des haches, des colliers et des divers objets en pierre polie rivalise avec les plus riches collections de la France et même de l'Europe, et elle a surtout le mérite d'être entièrement de provenance locale. Les objets de la période gallo-romaine avec ceux du Moyen-âge et de la Renaissance forment déjà une collection remarquable.

Toutes ces richesses sont réparties en trois salles.

La première renferme les objets préhistoriques ou celtiques, rangés par ordre de fouilles : cette disposition par groupes permet de suivre la formation graduelle du Musée, de comparer les objets de même date et de suivre pas à pas dans le *Bulletin* l'historique de chaque trouvaille. Les étiquettes varient de couleur pour chaque fouille.

La seconde salle renferme les bronzes et les divers objets de la période gallo-romaine. Tout y est classé, autant que possible, par fouilles, et le changement de couleur dans les étiquettes indique le changement de provenance.

La troisième salle renferme les objets du Moyen-âge et de la Renaissance, rangés non plus par fouilles, mais par genres et espèces.

Chaque salle est subdivisée en deux ou trois séries de numéros, comme il suit :

Iʳᵉ Salle. — Ère celtique.

Objets appartenant à la Société............ 772
Objets déposés................................. 54
Objets exotiques.............................. 92

IIᵉ Salle. — Gallo-romaine.

Objets appartenant à la Société............ 400
Objets déposés 22

IIIᵉ Salle. — Moyen-âge et Renaissance.

Objets divers.................................. 221
Gros objets.................................... 41

TOTAL............. 1602

Vannes, le 30 décembre 1880.

CATALOGUE

DU MUSÉE ARCHÉOLOGIQUE.

PREMIÈRE SALLE.

Cette pièce renferme les objets appelés *celtiques* par les uns et *préhistoriques* par les autres : ils proviennent de fouilles faites dans le département.

FOUILLE DE TUMIAC (ARZON).

La butte de Tumiac, de forme circulaire, mesure en hauteur 15 mètres et en diamètre 55 mètres. Elle a été fouillée, en 1853, par la Société polymathique : on y a trouvé une chambre renfermant les objets qui suivent :

(Voir *Bulletin* Soc. polym., 1862, p. 1; rapport de M. Fouquet — Voir Vitrine A. Étiquettes *blanches.*)

1. Hache polie en chloromélanite, brisée, type A, long. 0,450 mill.
2. Hache en chloromélanite, fragment, type A, long. 0,215.
3. Hache en chloromélanite, brisée, type A, long. 0,315.
4. Hache en chloromélanite, brisée, type A, long. 0,340.
5. Hache en chloromélanite, brisée, type A, long. 0,375.
6. Hache en jadéite altérée, brisée, type A, long. 0,340.
7. Hache en chloromélanite, fragment, type A, long. 0,195.
8. Hache en jadéite (1), percée à la pointe, type A, long. 0,272.
9. Hache en jadéite, brisée, type A, long. 0,152.
10. Hache en jadéite, brisée, type A, long. 0,300.
11. Hache en jadéite, brisée, type A, long. 0,220.
12. Hache en jadéite, brisée, type A, tranchant évasé, long. 0,224.
13. Hache en jadéite, intacte, percée à la pointe, type A, long. 0,200.

---

(1) A ce nom de Jadéite, donné par M. Damour, plusieurs minéralogistes substituent celui de Jade ou Saussurite.

14. Hache en aphanite, brisée, type A, long. 0,334.
15. Hache en jadéite, intacte, type A, long. 0,100.
16. Hache en jadéite, type A, fragment percé, long. 0,183.
17. Hache en fibrolithe, type B, long. 0,113.
18. Hache en fibrolithe, type B, long. 0,090.
19. Hache en fibrolithe, type B, long. 0,066.
20. Hache en fibrolithe, type B, long. 0,088.
21. Hache en fibrolithe, type B, long. 0,065.
22. Hache en fibrolithe, type B, sans tranchant, long. 0,073.
23. Hache en fibrolithe, type B, long. 0,070.
24. Hache en fibrolithe, type B, fragment, long. 0,057.
25. Hache en fibrolithe, type B, long. 0,073.
26. Hache en fibrolithe, type B, long. 0,059.
27. Hache en fibrolithe, type B, long. 0,090.
28. Hache en fibrolithe, type B, long. 0,078.
29. Hache en fibrolithe, type B, long. 0,106.
30. Hache en fibrolithe, type B, long. 0,105.
31. Hache en fibrolithe, type B, long. 0,080.
32. Hache en aphanite, type B, long. 0,072.
33. Collier en callaïs, de 107 grains et 10 pendeloques.
34. Collier en callaïs, de 32 grains et 2 pendeloques.
35. Collier en callaïs, de 98 grains, sans pendeloques.
36. Fragment d'os pariétal humain, non incinéré.
37. Décompositions osseuses.
38. Débris d'os, de bois et de granit mêlés.
39. Fragments de bois.
40. Détritus végétaux.
41. Croûtes d'oxyde de *fer*, trouvées dans la vase du tumulus.
42. Tubes en oxyde de *fer*, trouvés dans la même vase.

FOUILLE DU MONT SAINT-MICHEL (CARNAC).

Ce tumulus, le plus grand du département, compte 115 mètres de longueur, 58 de largeur, et 10 de hauteur ; il est couronné par une chapelle dédiée à saint Michel. Fouillé en 1862 par la Société polymathique, il a donné de nombreux objets en pierre polie, qui étaient enfouis dans sa crypte funéraire.

(*Bulletin* 1862, p. 7, rapports de M. R. Galles et M. G. de Closmadeuc. — Voir Vitrine A. Étiquettes *vertes*.)

43. Hache en chloromélanite, brisée, à tranchant évasé, long. 0,360.
44. Hache en jadéite, intacte, type A, long. 0,373.
45. Hache en jadéite altérée intacte, type A, long. 0,273.
46. Hache en diorite altérée, brisée, type A, long. 0,268.

47. Hache en jadéite altérée, intacte, type A, trous commencés, long. 0,231.

48. Hache en jadéite altérée, brisée, type A, percée, long. 0,225.

49. Hache en jadéite altérée, intacte, type A, long. 0,205.

50. Hache en jadéite, intacte, type A, percée, long. 0,195.

51. Hache en jadéite, intacte, type A, long. 0,190.

52. Hache en jadéite, intacte, type A, long. 0,192.

53. Hache en jadéite, intacte, type A, long. 0,097.

54. Hache en fibrolithe, type B, long. 0,095.

55. Hache en fibrolithe, type B, long. 0,112.

56. Hache en fibrolithe, type B, long. 0,133.

57. Hache en fibrolithe, type B, long. 0,098.

58. Hache en fibrolithe, type B, long. 0,090.

59. Hache en fibrolithe, type B, tranchant évasé, long. 0,093.

60. Hache en fibrolithe, type B, long. 0,095.

61. Hache en fibrolithe, type B, long. 0,115.

62. Hache en fibrolithe, type B, long. 0,077.

63. Hache en fibrolithe, type B, long. 0,076.

64. Hache en fibrolithe, type B, long. 0,073.

65. Hache en fibrolithe, type B, long. 0,070.

66. Hache en fibrolithe, type B, long, 0,091.

67. Hache en fibrolithe, type B, long. 0,102.

68. Hache en fibrolithe, type B, long. 0,077.

69. Hache en fibrolithe, type B, long. 0,110.

70. Hache en fibrolithe, type B, long. 0,109.

71. Hache en fibrolithe, type B, fragment, long. 0,061.

72. Hache en fibrolithe, type B, long. 0,050.

73. Hache en fibrolithe, type B, long. 0,065.

74. Hache en fibrolithe, type B, long. 0,067.

75. Hache en fibrolithe, type B, long. 0,112.

76. Hache en fibrolithe, type B, long. 0,094.

77. Hache en fibrolithe, type B, long. 0,074.

78. Hache en fibrolithe, type B, fac-similé, long. 0,090.

79. Hache en jadéite altérée, type A, fac-similé, long. 0,226.

80. Collier en callaïs, composé de 97 grains et de 10 pendeloques.

81. Petites perles en os, au nombre de 39.

82. Éclat de silex.

83. Éclat de silex.

84. Fragments d'os brulés.

85. Débris d'ossements.

86. Décomposition osseuse.

87. Fragments de charbon.

88. Terre renfermant des débris de charbon.

89. Terre provenant du dolmen.

FOUILLE DU MANÉ-ER-HROÈG (LOCMARIAKER).

Ce tumulus de forme ovale, appelé parfois butte de César, mesure 100 mètres de long, 60 de large, et 10 de haut, se rapproche par ses dimensions de ceux de Tumiac et de Saint-Michel. Il a été fouillé en 1863 par M. R. Galles, et M. Lefebvre, et sa grotte funéraire, composée d'énormes pierres, renfermait une quantité considérable de haches, une pierre gravée l'avoisinait ; des objets gallo-romains étaient enfouis au sommet du tumulus.

(*Bulletin* 1863. p. 18. — Vitrine B et B'. Étiquettes *blanches*.)

90. Hache en diorite, type A, fracturée, long. 0,440.

91. Anneau plat en jadéite, forme ovale, grand axe 0,135.

92. Hache en chloromélanite, type C, fracturée, long. 0,465.

93. Hache en jadéite, type A, brisée, long. 0,292.

94. Hache en chloromélanite, type A, très belle, long. 0,353.

95. Hache en jadéite, type A, brisée, tranchant évasé, long. 0,405.

96. Hache en diorite, type A, fracturée, long. 0,383.

97. Hache en jadéite altérée, type A, fracturée, long. 0,203.

98. Hache en jadéite altérée, type A, fragment, long. 0,154.

99. Hache en jadéite, type A, fracturée, long. 0,213.

100. Hache en jadéite altérée, type A, brisée, percée, long. 0,258.

101. Hache en jadéite altérée, type A, brisée, long. 0,182.

102. Hache en jadéite, intacte, type A, percée, long. 0,165.

103. Hache en protogyne, type A, brisée, ébréchée, long. 0,358.

104. Hache en fibrolithe, type B, long. 0,097.

105. Hache en fibrolithe, type B, long. 0,098.

106. Hache en fibrolithe, type B, long. 0,096.

107. Hache en fibrolithe, type A, long. 0,119.

108. Hache en fibrolithe, type B, long. 0,095.

109. Hache en fibrolithe, type A, long. 0,105.

110. Hache en fibrolithe, type B, long. 0,096.

111. Hache en fibrolithe, type B, long. 0,100.

112. Hache en fibrolithe, type B, long. 0,105.

113. Hache en fibrolithe, type B, long. 0,092.

114. Hache en fibrolithe, type B, long. 0,140.

115. Hache en fibrolithe, type B, long. 0,097.

116. Hache en fibrolithe, type B, long. 0,105.

117. Hache en fibrolithe, type B, long. 0,104.

118. Hache en fibrolithe, type B, long. 0,110.

119. Hache en fibrolithe, type B, long. 0,108.

120. Hache en fibrolithe, type B, long. 0,095.

121. Hache en fibrolithe, type B, long. 0,100.

122. Hache en fibrolithe, type B, long. 0,135.

123. Hache en fibrolithe, type B, long. 0,090.
124. Hache en fibrolithe, type B, long. 0,059.
125. Hache en fibrolithe, type B, long. 0,107.
126. Hache en fibrolithe, type B, long. 0,075.
127. Hache en fibrolithe, type B, long. 0,075.
128. Hache en fibrolithe, type B, long. 0,072.
129. Hache en fibrolithe, type B, long. 0,098.
130. Hache en fibrolithe, type B, long. 0,098.
131. Hache en fibrolithe, type B, double tranchant, long. 0,116.
132. Hache en fibrolithe, type B, long. 0,093.
133. Hache en fibrolithe, type B, long. 0,100.
134. Hache en fibrolithe, type B, long. 0,123.
135. Hache en fibrolithe, type B, long. 0,083.
136. Hache en fibrolithe, type B, long. 0,083.
137. Hache en fibrolithe, type B, double tranchant, long. 0,082.
138. Hache en fibrolithe, type B, long. 0,096.
139. Hache en fibrolithe, type B, long. 0,065.
140. Hache en fibrolithe, type B, long. 0,076.
141. Hache en fibrolithe, type B, long. 0,072.
142. Hache en fibrolithe, type B, long. 0,065.
143. Hache en fibrolithe, type B, long. 0,102.
144. Hache en fibrolithe, type B, long. 0,108.
145. Hache en fibrolithe, type B, long. 0,118.
146. Hache en fibrolithe, type B, long. 0,096.
147. Hache en fibrolithe, type B, long. 0,120,
148. Hache en fibrolithe, type B, long. 0,090.
149. Hache en fibrolithe, type B, long. 0,108.
150. Hache en fibrolithe, type B. long. 0,114.
151. Hache en fibrolithe, type B, long. 0,087.
152. Hache en fibrolithe, type B, long. 0,106,
153. Hache en fibrolithe, type B, long. 0,103.
154. Hache en fibrolithe, type B, long. 0,128.
155. Hache en fibrolithe , type B, long. 0,129.
156. Hache en fibrolithe, type B, long. 0,095.
157. Hache en fibrolithe, type B, long. 0,064.
158. Hache en fibrolithe, type B, long, 0,095.
159. Hache en fibrolithe, type B, long. 0,103.
160. Hache en fibrolithe, type B, long. 0,107.
161. Hache en fibrolithe, type B, long. 0,070.
162. Hache en fibrolithe, type B, long. 0,052.
163. Hache en fibrolithe, type B, long. 0,067.
164. Hache en fibrolithe, type B, long. 0,111.
165. Hache en fibrolithe, type B, long. 0,093.
166. Hache en fibrolithe, type B, long. 0,093.

167. Hache en fibrolithe, type B, long. 0,110.
168. Hache en fibrolithe, type B, long. 0,074.
169. Hache en fibrolithe, type B, long. 0,071.
170. Hache en fibrolithe, type B, long. 0,059.
171. Hache en fibrolithe, type B, long. 0,094.
172. Hache en fibrolithe, type B, long. 0,081.
173. Hache en fibrolithe, type B, long. 0,090.
174. Hache en fibrolithe, type B, long. 0,095.
175. Hache en fibrolithe, type B, long. 0,097.
176. Hache en fibrolithe, type B, long. 0,108.
177. Hache en fibrolithe, type B, long. 0,111.
178. Hache en fibrolithe, type B, long. 0,114.
179. Hache en fibrolithe, type B, long. 0,105.
180. Hache en fibrolithe, type B, long. 0,072.
181. Hache en fibrolithe, type B, long. 0,055.
182. Hache en fibrolithe, type B, long. 0,071.
183. Hache en fibrolithe, type B, fragment, long. 0,055.
184. Hache en fibrolithe, type B, long. 0,070.
185. Hache en fibrolithe, type B, long, 0,082.
186. Hache en fibrolithe, type B, long. 0,085.
187. Hache en fibrolithe, type B, long. 0,088.
188. Hache en fibrolithe, type B, long. 0,128.
189. Hache en fibrolithe, type B, long. 0,125.
190. Hache en fibrolithe, type B, long. 0,109.
191. Hache en fibrolithe, type B, long. 0,098.
192. Hache en fibrolithe, type B, long. 0,098.
193. Hache en fibrolithe, type B, long. 0,115.
194. Hache en fibrolithe, type B, long. 0,117.
195. Pendeloque en callaïs, forme triangulaire, long. 0,069.
196. Pendeloque en callaïs, forme poire, long. 0,065.
197. Pendeloque en callaïs, forme poire, long. 0,053.
198. Pendeloque en callaïs, forme poire, long. 0,051.
199. Pendeloque en callaïs, forme poire, long. 0,075.
200. Pendeloque en callaïs, forme poire, long. 0,057.
201. Pendeloque en callaïs, forme poire, long. 0,043.
202. Pendeloque en callaïs, forme poire, long. 0,045.
203. Pendeloque en callaïs, forme poire, long. 0,049.
204. Collier en callaïs, composé de 41 grains.
205. Cristal de quartz.
206. Deux éclats de silex.
207. Fragment de silex.
208. Terres et charbons.

Objets trouvés dans le tumulus.

209. Deux grains en terre cuite (fusaïoles) et deux fragments.
210. Deux perles en terre cuite.
211. Fragments de poteries.
212. Monnaies d'Auguste, Tibère, Claude, Néron, Domitien et Trajan.
213. Fragments de verre.
214. Bille de verre.
215. Trois perles cannelées en verre coloré.
216. Deux bagues en bronze, un fragment et un petit lingot.
217. Fragments de poteries romaines.

FOUILLE DE KERCADO (CARNAC).

Ce tumulus, de forme ronde, long de 40 mètres et haut de 3^m,50, a été fouillé, en 1863, par M. R. Galles et M. Lefebvre. Il renfermait un grand dolmen, haut de 2^m,50, précédé d'une allée et orné de signes sculptés ; on y a trouvé ce qui suit.

(Voir *Bull.* 1863, p. 5. — Voir Vitrine C. Étiquettes *vertes*).

218. Hache en diorite, type A, long. 0,070.
219. Hache en jadéite, type A, long. 0,033.
220. Sept perles en callaïs, de diverses grosseurs.
221. Pendeloque en agalmatolithe, à large trou, long. 0,028.
222. Pendeloque plate en schiste, long. 0,065.
223. Pendeloque plate en schiste, long. 0,050.
224. Pendeloque plate en schiste, long. 0,037.
225. Rondelle en talc stéatite, percée, diam. 0,040.
226. Pointe de flèche en silex, forme amande, long. 0,047.
227. Éclat de silex, forme couteau, long. 0,060.
228. Éclats de silex, de diverses formes.
229. Fragment de vase en terre brune, orné de quatre moulures.
230. Fragments de vase en terre noire, ornés de stries.
231. Fragment de vase en terre jaune, percé d'un canal.
232. Fragments de vase, marqués de coups d'ongle.
233. Fragment de vase en terre jaune, orné d'une bande striée.
234. Fragments de vase en terre rouge, à bandes horizontales.
235. Fragment d'un petit vase en terre brune, haut. 0,044.
236. Fragment de vase en terre rouge, à bandes horizontales.
237. Fragment de vase en terre rouge, à bandes horizontales.
238. Fragment de vase en terre noire, à bande striée.
239. Fragment de vase en terre grossière, haut. 0,068.
240. Fragments de poteries diverses.
241. Ossements humains.
242. Débris de coquillages.
243. Charbons.　　　　　(Don de MM. R. Galles et Lefebvre.)

FOUILLE DU MANÉ-LUD (LOCMARIAKER).

Ce tumulus, de forme ronde, mesure 80 mètres de longueur, 50 mètres de largeur et 5ᵐ,50 de hauteur. Il a été fouillé, en 1863 et 1864, par M. René Galles, aux frais du département. Outre le dolmen ouvert depuis longtemps à l'ouest, on a trouvé une crypte vers le milieu, et à l'est de petits menhirs rangés.

(*Bull.* 1863, p. 33 ; 1864, p. 79. — Vitrine C. Étiquettes *blanches*.)

244. Hache en fibrolithe, type A. long. 0,059.
245. Fragment de silex rouge taillé.
246. Fusaïole ou grain en terre cuite, diam. 0,040.
247. Quatre petits fragments de poteries.
248. Débris d'ossements humains.
249. Débris d'ossements d'animaux (bœufs, chevaux, etc).
250. Machoires de chevaux trouvées sur les menhirs.
251. Débris ligneux.

(Don du Département.)

FOUILLE DE CRUBELZ (BELZ.)

Le tumulus de Crubelz, d'un diamètre de 30 mètres et d'une hauteur de 4ᵐ,50, a été fouillé, en 1864, par MM. les Dʳˢ G. et A. de Closmadeuc ; la chambre intérieure, en pierres séches, haute de 3ᵐ,30, a fourni ce qui suit.

(*Bull.* 1864, p. 6. — Vitrine C. Étiquettes *jaunes*.)

252. Hache en diorite. type A, long. 0,125.
253. Pointe de flèche en silex, à ailerons.
254. Cinq éclats de silex.
255. Fragment d'un vase en terre brune.
256. Fragment supérieur d'un vase en terre brune.
257. Débris de poteries diverses.
258. Fragment d'argile cuite percée de trous.
259. Débris de bois, provenant d'un plancher.
260. Brique romaine perforée.
261. Terreau superposé au plancher.

(Don de MM. de Closmadeuc.)

FOUILLE DE KERGONFALZ (BIGNAN).

Ce tumulus, d'un diamètre de 31 mètres et d'une hauteur de 3ᵐ,50, renfermait un dolmen précédé d'une allée courbe ; il a été fouillé, en 1864, par MM. R. Galles, Lefebvre et Cassac.

(*Bull.* 1864, p. 95. — Vitrine C'. Étiquettes *blanches*).

262. Vase intact, en terre jaune, type M. diam. 0,200, haut. 0,095.
263. Hache en diorite, type A, long. 0,130.
264. Hache en diorite, type A, long. 0,117.
265. Hache en diorite, type A, long. 0,100.
266. Lame ou couteau en silex pyromaque, long. 0,107.
267. Lame ou couteau en silex pyromaque, long. 0,235.
268. Fragments de poteries en terre grise.
269. Nombreux ossements humains.

(Don de MM. Lefebvre, Galles et Cassac).

FOUILLE DU MOUSTOIR (CARNAC).

Ce tumulus, de forme ovale, long de 90 mètres, large de 38 mètres et haut de 5^m,50, surmonté d'un menhir, a été fouillé, en 1864, par M. R. Galles, aux frais du comité de la topographie des Gaules. On a trouvé à l'ouest un dolmen, au centre un amas de charbon et d'ossements d'animaux, et à l'est deux cryptes ou cellules.

(*Bull.* 1864, p. 117. — Vitrine C'. Étiquettes *bleues*).

270. Grand vase en terre rougeâtre, très fragmenté, type L, muni d'un oreillon, diam. 0,400, haut 0,277.
271. Vase en terre brune, bien conservé, type O, orné de bossettes, diam. 0,240, haut 0,155.
272. Vase en terre jaune, très fragmenté, type O, muni de deux trous, diam. 0,200, haut 0,140.
273. Fragment d'un vase en terre rouge, orné d'une ligne sinueuse.
274. Lame ou couteau en silex pyromaque. long. 0,193.
275. Lame ou couteau en silex pyromaque, long. 0,166.
276. Lame ou couteau en silex pyromaque, long. 0,240.
277. Lame ou couteau en silex pyromaque, long. 0,121.
278. Lame ou couteau en silex pyromaque, long. 0,070.
279. Éclats de silex pyromaque.
280. Tuffeau percé d'un trou cylindrique.
281. Hache en agalmatolithe, percée, type A, long. 0,055.
282. Olive en agalmatolithe, percée, long. 0,055.
283. Rondelle en callaïs, diam. 0,017.
284. Fragment d'anneau en verre, orné de lignes jaunes.
285. Débris d'ossements humains.
286. Fragment de meule en granit.

(Don du comité de la topographie des Gaules).

FOUILLE DE KERROH (LOCMARIAKER).

Ce dolmen, composé d'une table et de six supports, mesure 1^m,75 de long, 1^m,60 de large et 1 mètre de haut à l'intérieur. Il a été fouillé, en 1864, par MM. G. et A. de Closmadeuc, et a donné ce qui suit.

(*Bull.* 1864, p. 126. — Vitrine C'. Étiquettes *jaunes*).

287. Grain de collier en quartz blanc.
288. Silex taillé.
289. Éclats de silex.
290. Fragment de vase en terre brune.
291. Fragments d'un vase en terre grise muni d'oreilles.
292. Fragment d'une poterie entière et épaisse.
293. Fragment d'une poterie en terre brune.
294. Fragment de poterie brune.

(Don de MM. de Closmadeuc.)

GAVRINIZ (BADEN).

Ce tumulus, si remarquable par une chambre et une allée dont les parois sont chargées de signes sculptés , a été fouillé en 1832. On a recueilli depuis les objets suivants.

(Vitrine D. Étiquettes *violettes*.)

295. Fragment de hache en diorite, type A , long. 0,240.
296. Fragment de hache en grès , type A , long. 0,083.
297. Fragment de hache en diorite , type A, long. 0,065.
298. Éclats de silex.

(Don de M. G. de Closmadeuc.)

299. Fragment de hache en diorite, type A , donné par M. Le Mené.

PROVENANCES DIVERSES.

(Vitrine D. Étiquettes *blanches*).

300. Fragment de hache-marteau en diorite, type E, long. 0,065.
301. Moitié de hache marteau en chloromélanite, de Plouharnel, type E, long. 0,100 , moulage donné par M. de Cussé.
302. Hache-marteau, trouvée près Pontchâteau, type E, long. 0,180, moulage donné par M. L. Galles.
303. Marteau en chloromélanite, trouvé à Carnac, type F, long 0,114, moulage donné par M. de Cussé.
304. Virole en or, à quatre dents, trouvée dans le dolmen de Klagad (Carnac), donnée par M. de Kanflech.

305. Fac-similé d'un des deux colliers en or, trouvés dans un tumulus à Plouharnel ; don de M. de Cussé.

306. Fragment du vase qui renfermait le collier en or ; don de M. L. Galles.

307. Hache en diorite, de Plouharnel, type A, long. 0,106. ébréchée.

308. Fac-similé d'une pierre creusée, trouvée à Plouharnel ; don de M. de Cussé.

309. Fac-similé d'un bracelet ? en or, pesant 84 grammes, trouvé à Erdeven ; don de M. de Cussé.

310. Fac-similé d'un autre bracelet ? en or, pesant 54 grammes, trouvé à Erdeven ; don de M. de Cussé.

311. Fac-similé d'un bracelet en or, pesant 320 grammes, trouvé à Besné (Loire-Inférieure) ; don de M. de Cussé.

312. Fac-similé d'un collier en or, pesant 77 grammes, trouvé à Saint-Laurs (Deux-Sèvres) : don du musée de Niort.

313. Hache-marteau, en diorite, type D, long. 0,200, trouvée dans le Morbihan ; don de Mme Ve Lorois.

FOUILLE DU RESTO (MOUSTOIR-AC).

Un dolmen situé près du Resto, en Moustoirac, fouillé par M. de la Fruglaye en 1856, a donné ce qui suit :

(*Bulletin* 1858. p. 65. — Vitrine D. Étiquettes *rouges*).

314. Fusaïole ou grain en terre cuite, diam. 0,030.

315. Fragment de *fer* oxydé.

316. Lame ou couteau en silex, long. 0,248.

317. Hache en grès, type A, long. 0,098.

(Don de M. de la Fruglaye).

PROVENANCES DIVERSES.

(Vitrine D. Étiquettes *blanches*).

318. Hache en jadéite, type A, long. 0,130, trouvée à Arradon, donnée par M. L. Galles.

319. Hache en jadéite, type A, long. 0,170.

320. Hache en pétrosilex, type A, long. 0,180, donnée par M. Henry.

321. Fac-similé d'une hache, type particulier, long. 0,350, trouvée à Pornic ; don de M. L. Galles.

KMORIN (PLOUHINEC).

Objets trouvés sous un rocher, dans la lande de Mareu, près Kmorin, en Plouhinec, et donnés par M. l'abbé Thomas, recteur de Larmor.

(Vitrine D. Étiquettes *vertes*).

322. Hache en diorite, type irrégulier, long. 0,226.
323. Hache en diorite, type A, long. 0,189.
324. Hache en silex, type A, long. 0,194.
325. Hache en diorite, type A, long. 0,128.
326. Hache en diorite, type A, long. 0,102.
327. Hache en diorite, type A, long. 0,085.
328. Hache ou ciseau cylindrique en silex, type B, long. 0,106.
329. Hachette en silex, type A, long. 0,041.

PROVENANCES DIVERSES.

(Vitrine D. Étiquettes *blanches).*

330. Hache en diorite, forme ovale, long. 0,072, trouvée à Plouhinec, donnée par M. L. Galles.
331. Hachette en jade, type triangulaire, long. 0,034.
332. Hache en diorite, type A, long. 0,106, aiguisée, trouvée à Arradon, donnée par M. L. Galles.
333. Hache en jadéite, type A, long. 0,069.
334. Fac-similé d'une hache en diorite, d'origine étrangère, recueillie à Saint-Gildas : don de M. L. Galles.
335. Hache en diorite, ébauchée, long. 0,130, trouvée à Muzillac, donnée par M. Délivré.
336. Hache en amphibole, type A, cassée, long. 0,075, trouvée à Klann près Vannes, donnée par M. Délivré.
337. Hache en diorite, type A, long. 0,140, trouvée à Klann, près Vannes, donnée par M. Délivré.
338. Fragment de hache en fibrolithe, type A, long. 0,057, trouvée à Crach.
339. Pendeloque ? en diorite, long. 0,086, trouvée sur le rivage de Quibéron, donnée par M. l'abbé Collet.
340. Tranchant d'une hache en diorite.
341. Portion d'une hache en diorite.
342. Tranchant d'une hache en diorite.
Ces trois derniers objets donnés par M. G. de Closmadeuc.
343. Fragment de hache en diorite.
344. Hache en diorite, cassée, type A, long. 0,075.

FOUILLE D'ER ROH (ARRADON).

Ce dolmen, composé d'une table et de sept supports, a été fouillé, en 1863 par MM. L. et R. Galles, et a fourni ce qui suit :

(Vitrine D. Étiquettes *bleues*).

345. Éclats de silex.
346. Autres éclats de silex.
347. Lame ou couteau en silex, long. 0,046.
348. Lame ou couteau en silex, long. 0,057.
349. Silex taillé.
350. Pendeloque en talc, diam. 0,025.
351. Fond et fragments de poterie en terre rougeâtre.
352. Autres fragments de poterie.

(Don de MM. Galles).

CARNAC.

Haches acquises en 1868. (Vitrine D'. Étiquettes *rouges*).

353. Hache en diorite, type C, long. 0,135.
354. Hache en diorite, forme cylindrique, long. 0,124.
355. Hache en diorite, type A, long. 0,100.
356. Hache en diorite, type A, long. 0,093.
357. Hache en diorite, type A, long. 0,065.
358. Hache en diorite, type A, long. 0,073.
359. Pointe de hache en diorite, long. 0,090.
360. Pointe de hache en diorite, long. 0,100.

PROVENANCES DIVERSES.

(Vitrine D'. Étiquettes *blanches]*.

361. Pointe de flèche en silex, trouvée dans la lande de Cano en Séné, donnée par M. Jubier.
362. Pointe de flèche en silex, trouvée à Carnac, donnée par M. L. Galles.
363. Hache en diorite, type C, long. 0,130, trouvée à Plaudren, donnée par M. l'abbé Bara.
364. Hache en diorite, type A, long. 0,127, trouvée à Ménémur, près Vannes, donnée par M. Le Floch.
365. Hache en diorite, type A, long. 0,136, provenance inconnue.
366. Hache en diorite, type A, long. 0,110, trouvée à Belz, donnée par M. Philippe Karmel.

2

367. Hache en diorite, calcarifère (hémithrène), type A, long. 0,150, de provenance inconnue.

368. Hache en diorite calcarifère, type C, long. 0,223, de provenance inconnue.

369. Hache en quartz agate, type A, long. 0,160, brisée à la pointe.

370. Hache en diorite, type C, long. 0,133, provenance inconnue.

371. Hache en diorite, type A, long. 0,130, donnée par M. Taslé.

372. Hache en diorite, type A, tranchant évasé, long. 0,080, trouvée à Guidel, donnée par M. l'abbé Euzenot.

373. Hache en diorite, type A, pointe cassée, long. 0,130, trouvée à Guidel, donnée par M. l'abbé Euzenot.

374. Hache en diorite, type A, long. 0,110, de provenance inconnue, donnée par Mme V^e Le Vannier.

375. Hache en diorite calcarifère, type A, long. 0,130, trouvée à Péaule, donnée par M. l'abbé Piéderrière.

376. Fragment de hache en diorite, type C, long. 0,180, trouvé à Pluherlin, donné par M. E. de Lamarzelle.

377. Hache en diorite calcarifère, type A, long. 0,140. trouvée à Limerzel, donnée par M. Taslé, père.

AU PIED DE MENHIRS.

(Vitrine D'. Étiquettes *rouges*).

378. Pointe de hache en diorite, type A, long. 0,085, trouvée au pied d'un menhir, au Bretin, en Pleucadeuc, et donnée par M. Fouquet, père.

379. Pointe de hache en diorite, type A, long. 0,060, trouvée au pied d'un menhir, à la Coudraye, en S. Congard, et donnée par M. Fouquet, père.

380. Fer à cheval, trouvé sous un menhir à Treneué, en Plaudren, et donné par MM. Fouquet et Délivré.

PLOUGOUMELEN ET LES ENVIRONS.

Objets divers recueillis par M. Bain de la Coquerie et acquis par la Société.

(Vitrine D'. Étiquettes *jaunes*).

381. Hache en fibrolithe, à sillon longitudinal, type A, long. 0,175.

382. Fragment de hache en diorite, long. 0,100.

383. Hache en diorite, type A, long. 0,095

384. Hache en diorite mutilée, type A, long. 0,080.

385. Grain de quartz hyalin.
386. Perle en agalmatolithe.
387. Porphyre percé.
388. Morceau de jadéite, percé.

ORJETS DIVERS.

(Vitrine D'. Étiquettes bleues).

389. Hache en diorite, type A, long. 0,107, donnée par M. Le Courtois.
390. Hache en grès, inachevée, type C, long. 0,130, trouvée à Moustoir-ac, donnée par M. de la Fruglaye.
391. Fragment de hache en diorite, donnée par Mme V^e Le Vannier, de provenance inconnue.
392. Hache en diorite, type B, long. 0,108, trouvée à Pomin, en Noyal-Muzillac, donnée par M. Piéderrière.
393. Dalle en quartz lydien, polie, long. 0,200, trouvée à Pomin, en Noyal-Muzillac, et donnée par le même.
394. Nucléus en silex.)
395. Nucléus en silex. } provenant du Grand-Pressigny.
396. Nucléus en silex.)
397. Fac-similé d'un percuteur en quartzite, trouvé à Carnac, donné par M. de Mortillet.
398. Boule en quartz, trouvée à Kalier, en Sarzeau, donnée par M. G. de Lamarzelle.

FOUILLE DU RHÉNO (BADEN).

Le dolmen de l'île du Rhéno a été fouillé en 1864 par M. G. de Closmadeuc, qui y a trouvé les objets suivants :

(Vitrine D'. Étiquettes vertes.)

399. Boule ou percuteur en silex.
400. Cinq fragments de silex pyromaque.
401. Fragments de poteries diverses.
402. Fragment d'une poterie ornée de lignes pointillées.

(Don de M. G. de Closmadeuc).

403. Hache en quartz agate blanc, type A, long. 0,085, trouvée à l'île du Rhéno.

(Don de M. Cauzique).

FOUILLE DU PETIT-MONT (ARZON).

Ce tumulus à dolmen a été fouillé en 1865 par MM. L. Galles ét de
Cussé ; on y a trouvé ce qui suit :

(Vitrine E. Étiquettes *rouges*).

404. Hache marteau , en diorite , type D . long. 0,223.
405. Fragments nombreux de poteries.
406. Trois perles en callaïs.
407. Deux petites médailles gauloises.

(Don de MM. L. Galles et de Cussé).

FOUILLE D'ER HOURIG (LA TRINITÉ-SUR-MER).

Ce tumulus ovale , long de 50 mètres, large de 30 m. et haut de 2 m.
a été fouillé en 1866 par MM. L. Galles et de Cussé.
(Voir *Bulletin* 1866, p. 81. — Vitrine E. Étiquettes *blanches*).

408. Fragment d'une pyramide quadrangulaire tronquée, en calcaire,
percée au sommet.
409. Couteau en silex , brisé aux extrémités , long. 0,078.
410. Fusaïole ou grain en terre cuite , diam. 0,035.
411. Fragments de granit fortement imprégnés de bitume.
412. Éclat de silex et deux petits fragments de poterie.
413. Fragment d'un grès rouge à aiguiser.

(Don de MM. de Cussé et L. Galles).

FOUILLE DE MEIN-ER-ROH. (LA TRINITÉ-SUR-MER).

Ce tumulus, situé à l'ouest du bourg, long de 3 m. large de 2 m. et
haut de 1m,80, a été fouillé au compte de la Société en 1866, par MM. de
Cussé et L. Galles. Chambre à neuf supports et table.
(Voir *Bulletin* 1866, p. 833. — Vitrine E. Étiquettes *bleues*).

414. Lame ou couteau en silex, long. 0,096.
415. Silex , schiste et galet , renfermés dans le vase 421.
416. Cinq éclats de silex.
417. Morceau de résine de couleur brune.
418. Fragment de poterie brune unie.
419. Fragment de poterie brune unie.
420. Fragments de poterie rougeâtre ornés de lignes saillantes.
421. Vase en terre rougeâtre, type O, orné de lignes saillantes, ren-
fermé dans le vase 424.
422. Vase fragmenté en terre rougeâtre.
423. Vase fragmenté en terre rougeâtre, type Q, haut. 0,190.
424. Vase en terre brune, type Q, haut. 0,120, avec lignes saillantes.

FOUILLE DE KERVILOR (LA TRINITÉ-SUR-MER).

Les dolmens de Kervilor, l'un situé au Nord, l'autre au Sud, ont été fouillés en 1866 par MM. de Cussé et L. Galles, qui ont trouvé ce qui suit :

(Voir *Bull.* 1866, p. 85. — Vitrine E, étiquettes *violettes*).

Dolmen Nord.

425. Fragment de hache en diorite, type A, long. 0,057.
426. Fragment de hache en diorite, type A, long. 0,058.
427. Lame ou couteau en silex, long. 0,111.
428. Couteau en silex noir, long. 0,089.
429. Couteau en silex noir, long. 0,085.
430. Deux éclats de silex.
431. Pendeloque plate, en schiste ardoisier.
432. Fragments d'un vase en terre brune.
433. Fragments d'épaisse poterie brune.
434. Vase fragmenté, type O.

Dolmen Sud.

435. Perle en callaïs, diam. 0,076.
436. Couteau en silex, fragmenté, long. 0,017.
437. Deux éclats de silex.
438. Fragment de poterie grossière.

> (Don de MM. de Cussé et L. Galles).

FOUILLE DU MANÉ-HAN (LOCMARIAKER).

Ce dolmen a été fouillé en 1866 par MM. de Cussé et L. Galles, qui y ont trouvé les objets suivants :

(Vitrine E. Étiquettes *rouges*).

439. Tranchant de hache en diorite.
440. Pointe de flèche en silex.
441. Lame en silex, long. 0,040.
442. Éclat de silex.
443. Autre éclat de silex.
444. Prisme de quartz hyalin.
445. Galet de quartz opaque.
446. Demi-rondelle en terre cuite.
447. Fragments d'un vase en terre brune, à bandes pointillées.
448. Fragments de vase en terre rougeâtre, à bandes pointillées.
449. Anse d'un pot de terre brune.

450. Fragments d'une poterie brune et unie.
451. Fragment supérieur d'un pot de terre brune.
452. Fragments de poterie en terre brune.
453 Fragments de poterie avec traces d'ongle.

(Don de MM. de Cussé et L. Galles).

FOUILLE DU PARQ-ER-GUÉRÉN (CRACH).

Ce dolmen a été fouillé en 1866 par M. A. de Closmadeuc.
(*Bull.* 1866, p. 90. — Vitrine E. Étiquettes *blanches*).

454. Fragment de grès, de forme rectangulaire.
455. Fragment de poterie brune et épaisse, avec bouton.
456. Fragment de poterie noire.

(Don de M. A. de Closmadeuc.)

FOUILLE DE KERVIHAN (CARNAC).

Ce dolmen a été fouillé en 1866 par MM. de Closmadeuc.

(Vitrine E. Étiquettes *rouges*).

457. Huit éclats de silex.
458. Fragments de poteries diverses.
459. Galet en granit.
460. Autre galet en granit.

(Don de MM. de Closmadeuc).

FOUILLE DE KERHOUARIN (BRECH).

Ce dolmen a été fouillé en 1866 par M. G. de Closmadeuc.

(Vitrine E. Étiquettes *blanches*).

461. Fragment de poterie brune, faite au tour.
462. Fragment de poterie rougeâtre épaisse.

(Don de M. de Closmadeuc).

FOUILLE DE KERGROIX (CARNAC).

Ce tumulus a été fouillé en 1866 par M. G. de Closmadeuc.

(Vitrine E. Étiquettes *rouges*.)

463. Éclat de silex.
464. Fragments de poteries diverses.

(Don de M. G. de Closmadeuc).

FOUILLE DE KERMARQUER (LA TRINITÉ-SUR-MER).

Dolmens situés au Nord de Kmarquer et fouillés en 1866 par MM. de Cussé et L. Galles, pour la Société.

(*Bull.* 1866, p. 87. — Vitrine E. Étiquettes *blanches*).

465. Éclat de silex, du 1er dolmen.

466. Fragments de poterie épaisse, du même dolmen.

467. Fragments de poterie plombaginée, du 2e dolmen.

FOUILLE DE RUNESTO (PLOUHARNEL).

Ce dolmen, composé de huit supports et d'une table, a été fouillé en 1866 par la Société.

(*Bull.* 1866, p. 92. — Vitrine E. Étiquette *verte*).

468. Divers fragments de poterie.

FOUILLE DE MANÉ CLUD ER YÉR (CARNAC).

Ce dolmen, composé d'une allée de 10 mètres, et flanqué de trois chambres, a été fouillé en 1866 par la Société.

(*Bull.* 1866, p. 92. — Vitrine E. Étiquettes *bleues*).

469. Lame ou couteau en silex.

470. Nombreux éclats de silex.

471. Grain en terre cuite ou fusaïole, diam. 0,047.

472. Fragment d'un petit vase en terre brunâtre.

473. Fragment de poterie plombaginée.

474. Fragment de poterie brune, très épaisse.

FOUILLE D'EN AUTÉRIEU (CARNAC).

Ce dolmen, composé d'une allée et d'une chambre incomplète, a été fouillé en 1866 par la Société.

(*Bull.* 1866, p. 93. — Vitrine E. Étiquettes *jaunes*).

475. Lame ou couteau en silex.

476. Quatre éclats de silex.

477. Pierre à aiguiser en grès.

478. Vase fragmenté en terre rouge et grossière.

479. Fragment d'un petit vase en terre brunâtre.

480. Divers fragments de poteries.

FOUILLE DE KERYAVAL, A. (CARNAC.)

Le dolmen A, composé d'une chambre et d'une allée, mesure 8ᵐ,50 de longueur. Il a été fouillé en 1866 par la Société.

(*Bull.* 1866, p. 93. — Vitrine E. Étiquettes *blanches*).

481. Hachette en fibrolithe, type B, long. 0,033.
482. Pointe de flèche en silex.
483. Quartz hyalin roulé.
484. Trois éclats de silex.
485. Calcaire coquiller roulé, ayant la forme d'une hache.
486. Grain en terre cuite, ou fusaïole, diam. 0,056.
487. Grain en terre cuite, ou fusaïole, diam. 0,039.
488. Vase fragmenté en terre noire, type O, diam. 0,080.
489. Fragments d'un vase en terre brune, couvert de traits.
490. Fragment d'un vase tourné, orné d'un liston.
491. Fragment d'un vase en terre noire, orné de lignes.
492. Autres fragments analogues au précédent.
493. Fragment d'un vase en terre jaunâtre, rappelant le Nº 421.
494. Fond d'un vase en terre épaisse.

FOUILLE DE KERYAVAL, B. (CARNAC.)

Ce dolmen, parallèle au précédent, comprend une chambre et une allée, d'une longueur totale de 10 mètres. Les pierres des parois sont presque toutes chargées de signes sculptés comme à Gavriniz. Il a été fouillé en 1866 par la Société.

(*Bull.* 1866, p. 94. — Vitrine E. Étiquettes *rouges*).

495. Deux fragments d'os humains.
496. Petit galet en silex.
497. Grain en terre cuite, ou fusaïole, diam. 0,032.
498. Grain en terre cuite, ou fusaïole, diam. 0,026.
499. Cinq éclats de silex.
500. Fragment de vase en terre brune.
501. Fond d'un vase en terre brune.
502. Fragments d'un vase en terre rouge, orné de bandes.
503. Fragments d'un vase en terre brune, orné de bandes.
504. Fragments d'un vase en terre jaunâtre, orné de bandes.
505. Fragments d'un vase épais, orné au pointillé.
506. Fragments d'un vase en terre brune vernie, avec bandes.
507. Fragment d'un vase uni et fait au tour, à couverte plombaginée.
508. Fragment de poterie épaisse et grossière.

FOUILLE DE KERYAVAL, C. (CARNAC.)

Ce dolmen, perpendiculaire aux deux précédents, composé comme eux d'une chambre et d'une allée, d'une longueur totale de 6 mètres, a été fouillé en 1866 par la Société.

(*Bull.* 1866, p. 95. — Vitrine E. Étiquettes *violettes*).

509. Lame ou couteau en silex.
510. Fragment de poterie brune, épaisse et grossière.
511. Fragment de poterie noire et unie.

FOUILLE DE KERYAVAL, D. (CARNAC.)

Ce dolmen, composé d'une allée flanquée de trois chambres, est situé au Sud de Kyaval, et a été fouillé en 1866 par la Société.

(*Bull.* 1866, p. 95. — Vitrine E. Étiquettes *bleues*).

512. Deux perles en callaïs.
513. Lame ou couteau en silex, long. 0,085.
514. Onze fragments de silex.
515. Grain en terre cuite, ou fusaïole, diam. 0,046.
516. Grain en terre cuite, ou fusaïole, diam. 0,048.
517. Deux fragments de grains en terre cuite.
518. Fragment d'un très petit vase en terre brune.
519. Fragments d'un vase en terre rougeâtre, orné de bandes.
520. Fragments d'un vase en terre rougeâtre, orné de bandes.
521. Fragments de poterie en terre rougeâtre, ornée de chevrons.
522. Fragment d'un vase en terre brune, orné de bandes.
523. Fragments d'un vase en terre brunâtre, orné de bandes.
524. Fragment d'un vase en terre brune, avec anse.
525. Fragment d'un vase en terre brun-rouge, avec bossette.
526. Fragments de poterie brunâtre.

FOUILLE DE MANÉ RUMENTUR (CARNAC).

Ce tumulus circulaire, d'un diamètre de 22 mètres et d'une hauteur de 3m,60, avait un noyau en pierres (galgal). Il a été fouillé en 1866 par la Société.

(*Bull.* 1866, p. 95. — Vitrine E. Étiquettes *violettes*.)

527. Éclat de silex.
528. Disque en terre cuite, diam. 0,025.
529. Boule en terre cuite, diam. 0,050.
530. Fragment de poterie.

531. Fond d'un pot en terre.

532. Fragment de bronze, trouvé dans le tumulus.

533. Vase en terre rouge, type V, haut. 0,155.

FOUILLE DE BILGROEZ (ARZON).

Ce tumulus a été fouillé en 1867 par la Société : il était de forme ovale et renfermait une allée et une chambre.

(*Bull.* 1867, p. 21. — Vitrine E. Étiquettes *vertes).*

534. Fond d'un vase en terre brune.

535. Fragment de vase, avec bossette.

536. Fragment de poterie brune.

537. Fragment d'un vase en terre rougeâtre.

538. Fragment d'un vase en terre rouge, avec bossette.

539. Fragment d'un petit vase en terre rougeâtre.

540. Fragment d'un vase en terre brune.

541. Fragment d'un vase en terre brune.

542. Fragment d'un vase en terre rouge.

543. Lame ou couteau en silex, long. 0,080.

544. Lame ou couteau en silex taillé, long. 0,110.

545. Silex taillé, long. 0,075.

546. Deux silex taillés.

547. Deux autres silex taillés.

548. Trois éclats de silex.

549. Deux éclats de silex.

550. Lame ou couteau en silex.

551. Quartz agate taillé.

552. Vase fragmenté en terre brune, type M, haut. 0,065.

553. Vase fragmenté en terre rougeâtre, type M. haut. 0,055.

554. Fragments d'un vase en terre brune, type M.

555. Fragments de vase en terre brune, type O.

556. Fragments de vase en terre brune, type M.

557. Vase en terre rougeâtre, type O, haut. 0,090.

558. Vase grossier en terre rougeâtre, type M, haut. 0,070.

559. Vase en terre rougeâtre, de forme ovale, haut. 0,050.

560. Vase en terre rougeâtre, de forme ovale, type M.

561. Fragment d'un vase grossier, en terre brune.

562. Fragment d'un vase en terre brune, à bossette.

563. Fragment d'un vase en terre brune.

564. Fragment d'un vase en terre brune.

565. Fragments d'un vase cylindrique en terre rouge, type P.

566. Fragment d'un vase en terre rougeâtre, type M.

567. Vase fragmenté en terre brune, type M.

568. Fragments d'un très grand vase en terre rouge.
569. Fragments d'un vase en terre brune.
570. Fragments de terre cuite.
571. Fragments d'un vase en terre rougeâtre.
572. Fragments d'un vase en terre.
573. Vase fragmenté, très épais, type M.

PROVENANCES DIVERSES.

574. Fragment de brique.
575. Boule en granit.
576. Éclat de silex.
577. Fragments de poteries, du tumulus de Kisac, en Saint-Patern.
578. Hache en diorite, de Lomarec, donnée par M. Le Bihan.
579. Urne funéraire, de la lande de Lanvaux, donnée par M. Fouquet,
type R.

FOUILLE D'ER LANNIG (ARZON).

Le cromlech de l'île du Tisserand ou de la Petite lande (Er Lannig) a
été fouillé en 1867 par M. de Closmadeuc.

(*Bull.* 1867, p. 18. — Vitrine F. Étiquettes *bleues*).

580. Percuteur en quartz.
581. Deux éclats de cristal de roche.
582. Nombreux éclats de silex pyromaque.
583. Éclats de quartz et de silex brûlés.
584. Autres éclats de silex et de quartz.
585. Fragment de poterie.
586. Divers fragments de poterie.

(Don de M. de Cussé.)

FOUILLE DE BOUÉD (SÉNÉ).

Les tumulus situés à l'est de l'île de Bouéd ont été fouillés en 1867 par
MM. de Cussé et L. Galles.

(Vitrine F. — Étiquettes *vertes*).

587. Silex taillé, ébauche d'une pointe de flèche.
588. Petit anneau en verre.
589. Fragments d'un grand vase en terre brune.
590. Autres fragments du même vase.

(Don de MM. de Cussé et L. Galles.)

FOUILLE DU TRÉH (ARRADON).

Les dolmens de la pointe du Tréh, en Arradon, ont été fouillés en 1867 par MM. de Cussé et L. Galles.

(Vitrine F. — Étiquettes *violettes*).

591. Fragments de petits vases faits au tour.
592. Fragment d'un vase tourné.
593. Fragments de vase fait au tour.
594. Fragments d'un vase en terre jaune.
595. Fragments d'un autre vase en terre jaune.
596. Fragment d'un vase fait au tour.

(Don de MM. de Cussé et L. Galles.)

FOUILLE DE TOMBELLES (QUIBERON).

Un cimetière, composé de plusieurs tombelles en pierre, les unes maçonnées, les autres en forme de coffre (stone-cist), a été fouillé en 1868 par la Société.

(*Bull.* 1868, p. 9. — Vitrine F. Étiquettes *rouges*.)

597. Fragments de crâne humain.
598. Divers ossements humains.
599. Morceau de cristal de quartz.
600. Fragment de poterie.

FOUILLE DE CROCOLLÉ (QUIBERON).

Le talus semi circulaire de Crocollé, à l'Ouest de Kervihan, a été fouillé en 1868 par M. l'abbé Collet.

(*Bull.* 1868, p. 174. — Vitrine F. Étiquettes *blanches*).

601. Pointe de flèche à ailerons, en silex.
602. Pointe de flèche à ailerons, en silex.
603. Pointe de flèche à ailerons, en silex, cassée.
604. Pendeloque plate en diorite, forme A.
605. Bord d'un vase, orné de moulures.
606. Fragment d'un vase, orné de stries irrégulières.
607. Éclats de silex.
608. Fragments de poterie épaisse.

(Don de M. l'abbé Collet).

609. Vase fragmenté, en terre noire, type U, trouvé au pied d'un menhir, à l'Ouest de Kervihan.

(Don de M. l'abbé Collet.)

FOUILLE DE MANÉ-MEUR (QUIBERON).

Le dolmen de Mané-Meur a été fouillé en 1868 par M. l'abbé Le Poder.
(*Bull.* 1868. p. LXXXVII. — Vitrine F. Étiquettes *bleues*).

610. Lame ou couteau en silex, long. 0,160.
611. Petite fiole fragmentée en verre blanc laiteux.
612. Fragments d'un vase en terre brune, orné de zigs-zags.
613. Fragment d'un grand vase, à cordon orné.
614. Fragment d'un vase, orné de stries irrégulières.
615. Fragment d'un vase, orné de lignes pointillées.
616. Fragment de vase en terre brune unie.

(Don de M. l'abbé Le Poder.)

MENHIR DE MANÉ-MEUR (QUIBERON).

Au pied de ce menhir, M. l'abbé Collet a trouvé :

617. Fragments d'un grand vase en terre brune.
618. Grain en terre cuite, diam. 0,045.

(Don de M. l'abbé Collet).

MANÉ BEG-PORTIVY (QUIBERON).

Ce dolmen a été fouillé en 1869 par M. l'abbé Collet.
(*Bull.* 1869, p. 6. — Vitrine F. Étiquettes *violettes*).

619. Trois éclats de silex.
620. Vase en terre jaunâtre, type K, haut, 0,115, orné de bandes.
621. Bord d'un vase en terre brune, orné de bossettes.

(Don de M. l'abbé Collet).

MANÉ BEG-EN-AUD (QUIBERON).

Ce tumulus, de forme ovale, long de 51ᵐ, large de 26ᵐ et haut de 5ᵐ,40,
a été fouillé en 1868 et 1869 par M. Collet et par la Société polymathique : il n'y avait pas de dolmen central.
(*Bull.* 1868, p. 172.—1869, p. 112.—Vitrine F. Étiquettes *blanches*).

622. Fragments d'un vase en terre rouge (amphore ?).
623. Fragments de vase en terre brune.
624. Clous de navires en fer oxydé.
625. Débris de fer oxydé.
627. Fragments de planches en chêne.

FOUILLE DE KERIC (CARNAC).

Un dolmen, situé au sud de Keric, a été fouillé en 1869 par M. l'abbé Lavenot, qui a donné ce qui suit au Musée :

(*Bull.* 1869, p. 109. — Vitrine F. Étiquettes *jaunes).*

627. Dix-huit éclats de silex.

628. Fragment d'un vase en terre brun-rouge, pointillé.

629. Fragment d'un vase grossier, orné d'une bossette.

630. Vase en terre brune, type M.

Le donateur s'est réservé deux haches en diorite, un pilon et une lame en silex.

FOUILLE DE ROH-EN-TALLEC (CARNAC).

Ce dolmen a été fouillé en 1869 par M. l'abbé Lavenot, qui a donné ce qui suit au Musée.

(*Bull.* 1869, p. 110. — Vitrine F. Étiquettes *rougas.*)

631. Morceau de fibrolithe brute.

632. Fragment de grain en terre cuite rouge, diam. 0,021.

633. Fragment de poterie vernie.

634. Vase fragmenté, en terre jaune, avec ornements.

635. Vase fragmenté, en terre brune unie, type O.

636. Fragments d'une poterie épaisse, brune, à bossette.

637. Fragments de poterie en terre rougeâtre.

638. Fragments d'un grand vase en terre rouge.

M. Lavenot s'est réservé de cette fouille deux haches en fibrolithe, une pointe de hache et un morceau poli de fibrolithe, un caillou roulé en diorite, une perle en talc, une perle en schiste ardoisier et des fragments de silex taillé.

FOUILLE DU MANÉ BODGAD (PLŒMEL.)

Deux tumulus fouillés en 1871 par M. l'abbé Collet.

(*Bull.* 1871, p. 194. — Vitrine F. Étiquettes *bleues.*)

639. Lame ou couteau en silex pyromaque, long. 0,070.

640. Onze éclats de silex.

641. Petit morceau de fer.

642. Fragment d'un petit anneau en fer.

643. Fragment d'un bracelet (?) en bois d'if (?)

644. Petit vase en terre brune, type P, haut. 0,045.

645. Petit vase en terre brune, type P, haut. 0,040.

646. Petit vase en terre brune, type Q, haut. 0,040.

647. Petit vase en terre rougeâtre, type P, haut. 0,040.
648. Petit vase en terre brune, type P, haut. 0,040.
649. Petit vase en terre brune, type P, haut. 0,030.
650. Petit vase en terre brune, type P, haut. 0,027.
651. Fragments de divers petits vases semblables.
652. Vase en terre brunâtre, type P, haut. 0,050.
653. Fragments de poterie plombaginée.
654. Fragment supérieur d'un vase, type Q.
655. Divers fragments de poterie.

(Acquisition.)

OBJETS DE PROVENANCES DIVERSES.

(Vitrine F. Étiquettes vertes.)

656. Silex du diluvium de Pontlevoy, donné par M. de Tromelin.
657. Silex du même lieu, donné par le même.
658. Silex donné par M. Quincarlet de Carnac.
659. Silex donné par le même.
660. Silex de Malabri en Caurel, donné par M. Collet.
661. Pierre ovoïde, de Larmor-Baden, donnée par M. Déduyer.
662. Fragment de poterie.

FOUILLE DE MANÉ-BÉLEG (QUIBERON).

Ce terrain, fouillé en 1869 par M. l'abbé Collet, a donné ce qui suit :

(Vitrine F. Étiquettes *violettes*).

663. Lame de fer très oxydée.
664. Fragment de rondelle en terre cuite.
665. Fragment de poterie en terre brunâtre, type Q.
666. Fragments de pot en terre brune unie, type Q.
667. Fragments de pot en terre brune, type Q.
668. Fragments de poterie en terre jaune.
669. Fragments de poterie en terre noire.
670. Fragments divers de poterie.
671. Cadre renfermant des débris de cuisine, des coquillages et des
mâchoires.

(Don de M. l'abbé Collet).

FOUILLE DU MANÉ-PLEURIG. (PLŒMEL).

Cette tombelle a été fouillée en 1871 par M. l'abbé Collet.

(Vitrine F. Étiquettes *blanches*).

672. Lame en silex, long. 0,040.
673. Deux éclats de silex.

674. Fragment de verre de bouteille.
675. Morceau de fer oxydé.
676 Autre fragment de fer oxydé.
677. Fragment de grosse poterie en terre brune.
678. Fragments de poterie unie en terre brune.
679. Fragment de grosse poterie en terre blanche : goulot d'amphore ?

(Don de M. Collet.)

FOUILLE DE KGONVO (PLŒMEL).

Tombelle fouillée en 1871 par M. l'abbé Collet.

(Vitrine F. Étiquettes *bleues*.)

680. Lame ou couteau en silex, long. 0,100.
681. Sept éclats de silex.
682. Menus fragments de poterie, etc.

(Don de M. l'abbé Collet.)

SAINT-PIERRE-QUIBERON.

(Vitrine F. Étiquettes *violettes*.)

683. Fragments d'os.
684. Pointe de pyramide en pierre.
685. Fragments de poterie.

(Don de M. l'abbé Lavenot).

FOUILLE DE BEG–ER–LANNEG. (QUIBERON).

Ce dolmen a été fouillé en 1872 par M. l'abbé Lavenot.

(Vitrine F. Étiquettes *jaunes*.)

686. Disque en granit poli.
687. Galet en granit.
688. Galet en granit.
689. Lame en schiste poli, long. 0,100.
690. Fragment de silex.
691. Fragment d'os.
692. Fragment de vase plombaginé.
693. Fragments d'un vase épais en terre noire.

(Don de M. l'abbé Lavenot).

FOUILLE DE TRÉHUINEC (SAINT-PIERRE DE VANNES).

Ce caveau a été fouillé en 1872 par la Société : il a dû servir de refuge dans les temps modernes.

(*Bull.* 1872, p. 276. — Vitrine F. Étiquettes *rouges*.)

694. Fragment de quartzite poli.
695. Fragment de lame en silex.
696. Fragment de lame en silex.
697. Lame ou couteau en silex, long. 0,070.
698. Lame ou couteau en silex, long. 0,050.
699. Éclat de silex.
700. Petit fragment de pierre polie.
701. Bord d'un vase en terre rouge, ornée.
702. Bord d'un vase en terre noire, plombaginée.
703. Divers fragments de poterie.
704. Bord d'un vase en terre jaunâtre, unie.
705. Fragments de poterie grossière en terre noire.
706. Fragments d'un vase épais en terre jaune.
707. Monnaie de Louis XI?
708. Nombreux fragments de poterie vernissée.

LANDE DU RESTO (MOUSTOIR-AC).

(Vitrine F. Étiquettes *jaunes*).

709. Scories de fer.
710. Laitier de fer.

(Don de M. de Cussé.)

FOUILLE DU COÉDIC (BADEN).

Ce dolmen a été fouillé en 1876 par M. J. Hartney.

(*Bull.* 1876, p. 106. — Vitrine F. Étiquettes *vertes*.)

711. Fragments de poterie mince en terre brune.
712. Petit pot en terre rouge, type O, avec anse.
713. Fragments de silex.
714. Dalle sculptée.

M. Hartney, en donnant les objets ci-dessus, s'est réservé deux couteaux en silex, une pendeloque en pierre rouge et quelques éclats de silex.

FOUILLE DU MEIN-GUEN (ILE-AUX-MOINES).

Ce dolmen, situé près de Broel, a été fouillé en 1877 par la Société.
(*Bull.* 1877, p. 90. — Vitrine F. — Étiquettes *bleues.)*

715. Disque en terre cuite, diam. 0,070.
716. Fragment de brique, en forme de disque.
717. Fragments de poterie.
718. Éclat de silex.

FOUILLE DE ROH-VRAS (ILE-AUX-MOINES.)

Ce dolmen, précédé d'une allée, a été fouillé en 1877 par la Société.
(*Bull.* 1877, p. 93. — Vitrine F. — Étiquettes *violettes.)*

719. Lame ou couteau en silex, long. 0,080.
720. Lame ou couteau en silex, long. 0,060.
721. Nombreux fragments de silex.
722. Perle en callaïs.
723. Petit grain en quartz jaune.
724. Pendeloque en quartz hyalin.
725. Galet en quartz jaune.
726. Grain ou fusaïole en terre cuite.
727. Fragment d'un petit pot rond.
728. Fragments d'un pot en terre rougeâtre.
729. Nombreux fragments de poterie.
730. Morceau de brique.

FOUILLE DE ROH-VIHAN (ILE-AUX-MOINES).

Monument fouillé en 1877 par la Société.
(*Bull.* 1877, p. 95. — Vitrine F. — Étiquettes *jaunes.)*

731. Grand vase en terre brune fragmenté, diam. 0,230.
732. Petit vase en terre rouge, cylindrique, haut. 0,070.
733. Fragments de silex.
734. Fragments de silex et de poterie.
735. Fragment d'un vase en terre rouge, à bouton.
736. Fragment d'une amphore.
737. Deux mortiers en granit.

FOUILLE DE LA VIGIE (ILE-AUX-MOINES).

Ce dolmen a été fouillé en 1877 par la Société.

(*Bull.* 1877 — p. 91. Vitrine F. — Étiquettes *blanches.*)

738. Cinq éclats de silex.
739. Fragments de poteries et de coquillages.

FOUILLE DE NIOUL (ILE-AUX-MOINES).

Ce dolmen, précédé d'une allée, a été fouillé en 1877 par la société.

(*Bull.* 1877, p. 96. — Vitrine F. — Étiquettes *jaunes.*)

740. Douze éclats de silex.
741. Pierre ponce, avec rainure longitudinale.
742. Morceau de fer plat et oxydé.
743. Fragment d'un très petit vase hémisphérique.
744. Fragments de poteries et de coquillages.
745. Terre rouge provenant de cloisonnage ?
746. Diaphyse non incinérée.

FOUILLE DE PENN-NIOUL. (ILE-AUX-MOINES.)

Ce dolmen, précédé d'une allée, a été fouillé en 1877 par la société.

(*Bull.* 1877, p. 97. — Vitrine F. — Étiquettes *blanches.*)

747. Cinq éclats de silex.
748. Fragment de grès à aiguiser.
749. Fond d'une amphore en terre rouge.
750. Divers fragments de poterie.

FOUILLE DE BOUÉD (SÉNÉ).

Un tumulus, situé dans le champ appelé Le Fozic, a été fouillé en 1878 par la Société.

(*Bull.* 1878, p. 123. — Vitrine C. — Étiquettes *vertes.*)

751. Hache en fibrolithe, type B, long 0,090.
752. Trois éclats de silex.
753. Fragments de poteries diverses.

Un autre tumulus de Bouéd a donné ce qui suit :

754. Cinq éclats de silex.
755. Fragments de briques romaines.
756. Fragments de poteries diverses.

PROVENANCES DIVERSES.

757. Hache en silex, des Pyrénées, donnée par M. de Limur.
758. Hache en diorite, à bouton, des environs d'Auray.
759. Affiloir, d'époque inconnue, donné par M. Mauricet.

OBJETS DIVERS

disséminés dans la première salle :

760. Carte du golfe du Morbihan, dressée par M. Bassac.
761. Plans des dolmens de Keryaval, en Carnac.
762. Plan du dolmen de Keric, en Carnac.
763. Plan d'un lech de Plouharnel.
764. Fac-similé réduit d'un lech de Landaul.
765. Plan en relief d'un menhir de Moustoir-ac.
766. Plan en relief des tombeaux de Quiberon.
767. Plan en relief de l'île d'Er-lannig.
768. Moulage de la pierre gravée de Mané-er-hroeg.
769. Moulage des pieds gravés au Petit-Mont (Arzon).
770. Moulage des signes gravés de Mané-Lud.
771. Pierre gravée du Petit-Mont (Arzon).
772. Photographie d'un menhir sculpté de Kynuz.

OBJETS DÉPOSÉS.

PROVENANCES INCONNUES.

(Vitrine G. Étiquettes *blanches* à bordure *rouge*).

1. Hache en diorite calcarifère, type A, long. 0,158.
2. Hache en diorite, type A, long. 0,232.
3. Hache en diorite, forme recourbée, long. 0,260.
4. Hache en diorite, type A, long. 0,227.
5. Hache en silex, type A, long. 0,150.
6. Hachette en grès, type B, long. 0,085.
7. Hachette en fibrolithe, type B, long. 0,060.
8. Hachette en grès, type B, long. 0,055.
9. Hache en diorite, type C, long. 0,147.
10. Hachette en silex, type B, long. 0,052.
11. Hache en schiste, avec anneau, long. 0,070.
12. Hache en diorite, type B, long. 0,080.
13. Hache en fibrolithe, type A, long. 0,080.
14. Hache en diorite, usée à la pointe et au tranchant, long. 0,095.
15. Hache en grès, type B, long. 0,068.
16. Hache en grès, type A, long. 0,105.
17. Hache en diorite calcarifère, type A, long. 0,060.

(Dépôt de M. de Keranflech.)

FOUILLE DE MANÉ BEG-EN-NOZ (QUIBERON).

Le tumulus de Beg-en-Noz, ou Beker-noz, a été fouillé en 1865 par MM. G. de Closmadeuc et Gressy.

(*Bull.* 1865, p. 39. — Vitrine G. — Étiquettes *roses*).

18. Fragments de poteries, donnés à la Société.
19. Vase en terre noirâtre, type V, haut. 0,080.
20. Nombreux ossements humains.
21. Éclat de silex.
22. Position du squelette.

(Dépot de MM. Gressy et de Closmadeuc.)

PROVENANCES DIVERSES.

23. Lame ou couteau en silex, long. 0,090.
24. Pointe en silex taillé, long. 0,070.
25. Fragment d'une lame en silex, long. 0,045.
26. Boule en silex, diam. 0,058.
27. Polissoir en fer oligiste, de forme presque cubique.
28. Fragment d'un vase en terre rouge, orné de bandes.
29. Fragment d'un vase en terre brunâtre, uni.
30. Fragment d'un vase en terre jaunâtre, type K.
31. Fond d'un vase en terre rouge.
32. Fond d'un vase en terre rougeâtre.
33. Fragment d'un vase en terre brune.
34. Fragment d'un vase en terre rouge, orné de bandes, type K.
35. Fragment d'un vase en terre brune, type M, haut. 0,090.
36. Fragment d'un vase en terre brune.
37. Vase fragmenté, en terre brune rougeâtre, type M, haut. 0,065.
38. Fragments d'un vase en terre brune, de Kylescan.
39. Fragment d'un vase en tere brune.
40. Fond d'un vase en terre rouge.
41. Vase intact en terre brune, forme conique, haut. 0,060.
42. Vase en terre rouge, type P, haut. 0,083.
43. Fragment d'un vase en terre brune, à lignes saillantes.
44. Fragment d'un vase en terre brune.
45. Fragment d'un vase à couverte plombaginée.
46. Fragment d'un vase en terre brune, orné de lignes.
47. Fragments d'un vase en terre rouge, orné.
48. Fragment d'un petit vase en terre brune.
49. Fragment d'un vase, orné de bandes, de Kylescan.
50. Fragments d'un couvercle plombaginé.
51. Fragment d'un vase en terre rougeâtre, avec une anse.
52. Fragment d'un vase en terre rouge.

(Dépôt de M. de Keranflech.)

PROVENANCES INCONNUES.

53. Pointe de flèche en silex, déposée par M. Le Lièvre.
54. Moitié d'une hache-marteau en diorite, type E, déposée par M. R. Pocard-Kerviler, long. 0,070.

OBJETS EXOTIQUES.

I. Italie.

(Vitrine H' — Étiquettes *violettes*).

1. Vase étrusque, à deux anses, orné de peintures, h. 0,230.
2. Vase étrusque, à deux anses, orné de peintures, h. 0,255.
3. Vase étrusque, à deux anses, orné de peintures, h. 0,280.
4. Vase étrusque, à deux anses, orné de peintures, h. 0,260.

(Legs de M. A. Le Roy.)

5. Tasse étrusque, à deux anses, orné de feuillages, h. 0,080.

(Don de M. Hervieu.)

II. Grèce.

(Vitrine H. — Étiquettes *blanches*).

6. Vase grec, à une anse, avec reste de peinture, haut. 0,130.
7. Vase grec, à une anse, et bec en trèfle, haut. 0,190.
8. Vase grec, à une anse, et bec en trèfle, haut. 0,140.
9. Petit vase grec à deux anses, haut. 0,070.
10. Lampe grecque en terre rouge, sans anse.
11. Lampe grecque, avec couverte brune, sans anse.
12. Lampe grecque, à rayons, couverte brune, anse cassée.

(Apportés de Lesbos par M. Jollivet et donnés par MM. Le Lièvre et Galles).

13. Vase à parfums, donné par Mme Ve Lorois.
14. Sceau grec portant l'inscription ΔΙΟΣ.
15. Fragment d'un bas-relief du temple de Sunium, donné par M. Jollivet.
16. Masque en plâtre, recueilli près de Kertsch.
17. Petit vase en terre, avec bossettes au bas, haut. 0,100.
18. Goulot de vase et pied d'un autre.

(Objets provenant de Crimée, donnés par M. Carpentier).

19. Petit vase en terre jaune, à une anse, haut. 0,100.
20. Petit vase peint, de Crimée, donné par M. Gaudin.
21. Petit vase peint, à anse, haut. 0,050.

III. Egypte.

(Objets recueillis principalement à Thèbes).

(Vitrine H. — Étiquettes *jaunes*).

22. Fragments de toile, provenant de momies.
23. Statuette assise, en terre peinte en rouge, haut. 0,112.
24. Statuette en faïence vernissée vert, avec hiéroglyphes, h. 0,095.
25. Statuette vernissée vert, avec hiéroglyphes, haut. 0,098.
26. Statuette vernissée en vert, avec hiéroglyphes, haut. 0,088.
27. Statuette vernissée en vert, avec hiéroglyphes, haut. 0,090.
28. Statuette vernissée en vert, avec hiéroglyphes, haut. 0.090.
29. Statuette vernissée en vert, avec hiéroglyphes, haut. 0,085.
30. Statuette vernissée en gris, avec hiéroglyphes, haut. 0,056.
31. Trois anneaux en faïence vernissée en vert.
32. Buste d'Osiris en bronze, à tête d'épervier.
33. Œil de momie en faïence vernissée.
34. Épervier en faïence vernissée en vert.
35. Amulette en pierre blanche, avec hiéroglyphes.
36. Nilomètres en lapis.
37. Quatre petites figurines vernissées.
38. Scarabée en faïence vernissée.
39. Grenouille en faïence terreuse.
40. Neuf menus objets, de formes diverses.

(Don de M. Cailliaud.)

IV. Pays divers.

(Vitrine H. — Étiquettes *rouges*).

41. Fac-similé d'une hache gravée, de Saint-Domingue, donné par la Société archéologique de Douai, long. 0,340.
42. Fac-similé d'une autre hache gravée, de même provenance, donné par la même Société, long. 0,240.
43. Léopard en jade, d'origine chinoise, donné par M. Damour, membre de l'Institut.
44. Fac-similé de quatre pointes de flèches en silex, de l'Aveyron ; don de M. de Cussé.
45. Sept têtes de flèches en pierre, des Indiens de l'Orégon et de Pensylvanie, données par M. Hawck.
46. Hache caraïbe, en diorite, de la Guadeloupe, donnée par M. Batby-Berquin, long. 0,110.

47. Vase funéraire, de l'île Sacrificios (Mexique), donné par M. le Dr Fouquet.

48. Quatre vases, en forme de toupie, étroite ouverture, de même provenance.

49. Nucléi et lames en obsidienne, de l'île Sacrificios (Mexique), donnés par M. Nicolas, chirurgien de marine.

50. Hache plate, en jade, de la Nouvelle-Calédonie, type B, l. 0,160.

51. Hache en jade, forme courbe, de même provenance, l. 0,110.

52. Fragment de hache, de même provenance, long. 0,100.

53. Hache en jade néphrite, type C. du même lieu, long. 0,175.

54. Hache en jadéite, type C, de même provenance, long. 0,085.

(Les N°s 50-54, donnés par M. Bohard, lieutenant de vaisseau).

55. Deux pierres de fronde, de la Nouvelle Calédonie, données par M. Salmon.

56. Fac-similé d'une monnaie en bronze du Dahomey (Afrique), donné par M. de Cussé.

57. Pata-patou, en pierre volcanique, signe d'autorité d'un chef de la Nouvelle Zélande, long. 0,350.

V. Amérique méridionale.

(Vitrine G. — Étiquettes *rouges*).

58. Fac-similé d'une hache, type B.

59. Fac-similé d'une hache à tranchant hémisphérique.

60. Fac-similé d'une hache en forme de croissant.

61. Fac-similé d'un bâton cylindrique percé.

62. Fac-similé de deux labrets.

(Objets trouvés dans un tombeau des bords du fleuve des Amazones et donnés par M. Miln).

63. Fac-similé d'une hache, type A.

64. Fac-similé d'un affiloir, long. 0,320.

65. Fac-similé de deux disques gravés et percés au centre.

66. Fac-similé d'une pointe de flèche.

67. Fac-similé de deux objets indéterminés.

(Objets trouvés dans des tombes indiennes de la Nouvelle-Grenade et donnés par M. de Cussé.)

68. Fac-similé d'une pointe de lance en silex, de provenance inconnue, donné par M. de Cussé.

69. Fac-similé de cinq pointes de flèches, provenant d'une tombe indienne de Hojanasa (Pérou), don de M. de Cussé.

70. Étoffe trouvée dans un tombeau incas, à Ancon (Pérou) et donnée par M. A. Brondel, médecin de la marine.

71. Fragment de poterie figurée, d'Ancon (Pérou).

72. Pointe de flèche en quartz, de même provenance.

73. Hameçon en bronze, du même lieu.

74. Paquet d'épines servant d'épingles.

75. Trois harpons en os, de même provenance.

(Ces 5 numéros donnés par M. Jouan sous-com. de marine).

76. Vase péruvien, de forme ovale, avec goulot terminé en tête d'oiseau, donné par Mme Ve Lorois.

77. Double vase péruvien, avec anse et tuyau de communication, donné par Mme Ve Lorois.

78. Fragment d'anse, d'un vase aztèque, orné d'un petit singe, donné par Mme Ve Lorois.

PROVENANCES DIVERSES.

79. Collier en plumes et en os enfilés, provenant de l'Océanie.

80. Dzézé ou violon malgache, de Madagascar.

81. Éventail fait d'une branche de palmier.

82. Arc malgache, de Madagascar.

83. Flèches de même provenance.

84. Valir, instrument de musique malgache.

85. Deux sandales chinoises.

86. Chapeau chinois.

87. Dzézé ou violon malgache.

88. Arme en bois, hérissée de dents triangulaires.

GROTTE DE LA MADELAINE (DORDOGNE).

89. Os de l'ours des cavernes.

90. Machoire, dents et autres ossements.

91. Nombreuses lames de silex.

92. Fragment de brèche.

(Don de M. Lartet.)

IIᵉ SALLE.

Cette pièce renferme les bronzes et les objets de la période *gallo-romaine*.

QUESTEMBERT.

Objets divers en bronze, trouvés en 1863 dans une lande dite le Parc-aux-Bœufs et provenant de l'atelier d'un fondeur gaulois.

(*Bull.* 1863, p. 10. — Vitrine K. — Étiquettes *jaunes*.

1. Pointe de lance en bronze, type G'.
2. Pointe de lance en bronze, à douille, type G'.
3. Hache en bronze, à ailerons et anneau, type C'.
4. Hache en bronze, à ailerons et anneau, type C' *contourné*.
5. Hache en bronze, à ailerons et anneau, type C'.
6. Hache en bronze, à ailerons et anneau, cassée, type C'.
7. Hache en bronze, à ailerons et anneau, cassée, type C'.
8. Hachette en bronze, à anneau et arrête, type D'.
9. Douille d'une hache en bronze, type F'.
10. Fragments nombreux de haches en bronze.
11. Fragments de pointes et de douilles de lance.
12. Fragments de lame d'épée en bronze.
13. Grattoir et fragments de grattoirs.
14. Douze tranchants de hache en bronze.
15. Fragments de poignées d'épées.
16. Trois fragments de gouges en bronze.
17. Quatre fragments divers de bronze.
18. Fragment d'un poignard en bronze.
19. Fragments divers de lames d'épées en bronze.
20. Treize culots ou jets de bronze.
21. Huit lingots de cuivre rosette.
22. Fragment du vase qui renfermait les objets ci-dessus.
23. Divers autres fragments de poteries.
24. Débris de moules en terre rouge.
25. Glands torréfiés.

CALASTRENN EN BANGOR (BELLE-ILE).

Objets divers en bronze trouvés en terre vers 1820.
(*Bull.* 1863. p. 21. — Vitrine K' — Étiquettes *rouges*.)

26. Fragments de douille et de pointe de lance.
27. Trois objets creux en bronze.
28. Plaques de ceinture ? en bronze.
29. Fragments d'anneau et de bracelet.
30. Fragments de lames d'épée et de poignard.
31. Tranchant de hache en bronze, ornée de lignes.
32. Hache en bronze, à douille ronde et anneau, type E'.

(Don de M. Trochu, père.)

PROVENANCES DIVERSES.

(Vitrine K'. — Étiquettes *blanches*.)

33. Pointe de lance, donnée par M. Piéderrière, long. 0,135.
34. Deux hachettes de provenance inconnue, type F.
35. Deux hachettes, des environs de Dinan, données par M. G. d'Ault-Dumesnil, type F'.
36. Deux hachettes, l'une donnée par M⋅ Le Vannier, et l'autre provenant des Côtes-du-Nord.
37. Deux hachettes provenant des Côtes-du-Nord, type E'.
38. Deux autres hachettes, de même provenance, type E'.
39. Hache en bronze, à douille et anneau, type E', acquise de M. Bain, de Plougoumelen.
40. Fragment de lame d'épée trouvé à Saint-Gildas de Rhuis, donné par M. de Lagillardaie.
41. Fragment de lame d'épée, trouvé à Parc-carré, en Meucon, donné par M. Le Normand.
42. Lame d'épée gauloise, donnée par M. Rémy, professeur au lycée de Lorient, type I', long. 0,540.

SAINT-GALLES, EN ARRADON.

Tumulus fouillé en 1854 par M. Galles.
(*Bull.* 1857. p. 50. — Vitrine K'. — Étiquettes *bleues*.

43. Hache en diorite, type A, long. 0,127.
44. Perle en ambre, et perle en bois d'if ?
45. Fragment de bracelet en bois d'if ?
46. Fragments de poteries diverses.

47. Grand bracelet ou anneau de jambe, à bossettes, en bronze.
48. Petit bracelet uni, en bronze.
49. Deux bracelets unis, à bossettes naissantes.
50. Deux bracelets, à bossettes en bronze.
51. Sept autres bracelets, à bossettes en bronze.
52. Fragments de bracelets, de bronze et de verre.
53. Fragments de fer oxydé.

(Don de M. L. Galles.)

DARUN (SAINT-DOLAY.)

Objets divers en plomb, en cuivre et en alliage.

(Vitrine K'. — Étiquettes *violettes*.)

54. Hache massive, en plomb, type F'.
55. Hache creuse, en plomb, type F'.
56. Hache creuse, en plomb, type F'.
57. Deux fragments de hache, en plomb et en alliage.
58. Fragments de haches, en alliage.
59. Trois tranchants de haches, en alliage.
60. Divers fragments de haches, en alliage.
61. Lingot en alliage.

(Don de MM. Geffray et Le Roy.)

PROVENANCES DIVERSES.

(Vitrine K'. — Étiquettes *blanches*).

62. Hachette en bronze, de Kandrun (Theix), type A', donnée par M. le président Caradec.
63. Fac-similé d'une hachette en bronze, de Sainte-Anne (Pluneret), type A', donné par M. de Cussé.
64. Hachette en bronze, de Cléhelan (Questembert), type A', donnée par M. le Dr Juhel.
65. Hache en bronze, sans anneau, de Brangolo (Inzinzac), type D', donnée par M. Philippe de Karmel.
66. Hache semblable, de même provenance, donnée par le même.
67. Hache en bronze, à anneau, de provenance inconnue, type D'.
68. Hache en bronze, du dolmen de Léz-Variel (Guidel), type D', donnée par M. l'abbé Euzenot.
69. Hache en bronze, à ailerons particuliers, de provenance inconnue, type B', donnée par M. Piéderrière.
70. Hache en bronze, de Quéven, type B', donnée par M. Philippe de Karmel.

71. Hache ou coin en bronze, type F', acquis de M. Bain de la Coquerie.

72. Hache ou coin semblable, de même provenance.

73. Hache ou coin semblable, de Questembert.

74. Hache ou coin semblable, de Riec, en Belz : don de M. de Kanflech.

75. Fac-similé d'une hache en bronze, des environs de Rennes, type F', avec ornements : don de M. Le Men.

76. Fac-similé d'une hache semblable, de même provenance, donné par le même.

77. Ciseau en bronze, trouvé dans le cimetière de Guidel, donné par M. l'abbé Euzenot.

78. Statuette en bronze, représentant un personnage drapé, trouvée rue Fontaine, à Vannes.

79. Cuillère à parfum, en bronze, trouvée en Arradon, donnée par M. Panckouck.

80. Molette ? et tuyau en bronze, trouvés à la gare de Vannes et donnés par M. le Dr de Closmadeuc.

FOUILLE DU ROH (LA TRINITÉ-SUR-MER).

Dolmen avec allée et cabinet, à l'ouest de Kmarker, fouillé en 1866, par MM. de Cussé et L. Galles, pour la Société.

(*Bull.* 1866. p. 85. — Vitrine L. — Étiquettes *vertes*.)

81. Vase en terre brune, type K, à lignes horizontales, haut. 0,135.

82. Fragments d'un vase en terre brune, orné de bandes.

83. Fragments d'un vase en terre brune, orné de bandes.

84. Fragments d'un vase en terre brune, orné de bandes.

85. Fragments d'un grand vase, type O, orné de bandes.

86. Fragments de poterie grossière marquée à l'ongle.

87. Fragments d'un vase en terre noire unie.

88. Fragment de poterie grossière unie, en terre brune.

89. Fragment de poterie grossière, en terre brune.

90. Divers fragments de poteries.

91. Éclats de silex.

92. Perle en agalmatolithe, de forme cylindrique.

93. Fragment d'un bracelet en bois d'if?

94. Polissoir en fer oligiste.

95. Pointe de flèche en silex, à ailerons.

96. Bulle gallo-romaine, en or, forme de montre, 12 gr. 500.

97. Médaille romaine, fruste.

FOUILLE DE TOULVERN (BADEN).

Ce tumulus a été fouillé, en 1852, par M. Bain de la Coquerie. La Société a acquis ce qui suit en 1872 :

(Vitrine L. — Étiquettes *bleues*).

98. Fac-similé d'une hache en jadéite, type, A, long. 0,072.
99. Perle en... ?, diamètre 0,026.
100. Pointe de flèche en silex.
101. Petit pot en terre rouge, à une anse, type 0.
102. Fragment d'une anse? en terre blanche.
103. Fragment d'un coq, en terre blanche.
104. Fragments de bracelet en if, orné de dessins.
105. Fragment d'un fronton d'édicule, en terre blanche.
106. Fragment d'un pilastre d'édicule, en terre blanche.
107. Tête en terre cuite.
108. Buste de Minerve, en terre cuite.
109. Fragment d'une statuette de Minerve.
110. Fragment d'une statuette d'homme.
111. Dos d'une Vénus anadyomène, en terre blanche.
112. Statuette entière de Venus anadyomène, *id.*
113. Dos d'une Vénus anadyomène, *id.*
114. Pieds en relief d'une Vénus anadyomène, *id.*
115. Base et pieds d'une Vénus anadyomène, *id.*
116. Buste d'une Vénus anadyomène, *id.*
117. Divers fragments de statuettes, en terre blanche.

PROVENANCES DIVERSES.

(Vitrine L. — Étiquettes *blanches*).

118. Fac-similé d'une statuette en bronze, trouvée à Ambon : don de M. de Cussé.
119. Fragment d'une Vénus anadyomène, trouvée à Mauny, en Mauron : don de M. Piéderrière.
120. Tête de statuette, en terre cuite, donnée par Mme Ve Lorois.
121. Fragment d'une Vénus anadyomène, donné par Mme Ve Lorois.

FOUILLE DE LANCUL (CADEN).

Objets trouvés lors de l'établissement d'un chemin public, en 1868.

(Vitrine L. — Étiquettes *jaunes*).

122. Statuette entière de Vénus anadyomène, en terre rouge.
123. Deux fragments de Vénus, en terre blanche.

124. Trois têtes de statuettes, en terre blanche.
125. Deux têtes de Junon, en terre blanche.
126. Deux bustes de Vénus, en terre blanche.
127. Statuette de Junon Lucine, en terre blanche.
128. Buste d'enfant, en terre blanche.
129. Monnaies romaines de Lucile et de Posthume.
130. Morceau de quartz ébauché.

(Don de MM. Prulhière et de Cussé.)

FOUILLE DE BÉ-ER-GOUH (LOCMARIAKER).

Ce dolmen, appelé aussi Daul-er-groah, a été fouillé, en 1860, par M. L. Galles et M. Bonstetten.

(*Bull.* 1860, p. 12. — Vitrine L. — Étiquettes *violettes.*)

131. Pointe de silex.
132. Fragments de poterie gallo-romaine.
133. Fragments de statuettes en terre blanche.

(Don de M. L. Galles.)

M. de Bonstetten s'est réservé une tête de Vénus et une médaille de Constantin II.

134. Perle en verre bleu, trouvée à Locmariaquer et donnée par M. Mahé.

FOUILLES DU ROCHER (PLOUGOUMELEN) ET AILLEURS.

Le grand tumulus du Rocher, le 6ᵉ de la série, renfermant une crypte et une allée, a été fouillé, en 1844, par M. Bain de la Coquerie. On y a trouvé les Nᵒˢ 135 et 136, et, dans les environs, les Nᵒˢ 137 et 138.

(Vitrine L. — Étiquettes *roses*).

135. Lame ou couteau en silex taillé, long.
136. Hache en chloromélanite, type A, long. 0,080.
137. Fac-similé d'une hache en silex, cassée, long. 0,060.
138. Fac-similé d'une hache en diorite, long. 0,050.
139. Perle cannelée, en émail bleu, de provenance inconnue.
140. Perle en verre bleu, de provenance inconnue.
141. Trois disques en terre ornée, de provenance inconnue.
142. Lame ou couteau en silex, provenant du dolmen du Bono, long. 0,195.

(Acquis de Mᵐᵉ Vᵉ Bain de la Coquerie.)

LE ROCHER (PLOUGOUMELEN).

Le 1er tumulus de la série vers le nord, a été fouillé, en 1867, par
M. Lukis, et a donné une urne en bronze.

(*Bull.* 1867, p. 110. — Vitrine L. — Étiquettes *bleues*.)

143. Fragments d'une urne en bronze qui contenait des ossements
incinérés.
144. Fragment d'anneau en fer.

(Acquisition.)

DANS LE VOISINAGE DU ROCHER :

145. Deux séries de bracelets de bronze, à pommettes, collés par
l'oxydation.
146. Bracelets unis et à pommettes, et nombreux fragments.

(Acquisition.)

ENVIRONS DU ROCHER.

(Étiquettes *blanches* à bordure *rouge*.)

1. Fragments de bracelets en bois d'if.
2. Fragments de bracelets en fer.
3. Divers fragments de fer.

(Dépôt de Mme Ve Bain de La Coquerie.)

LE ROCHER (PLOUGOUMELEN).

Le 7e tumulus de la série a été fouillé, en 1872, par MM. Platel et
L. Galles.

(*Bull.* 1872, p. 119. — Étiquettes *blanches* à bordure *rouge*.)

4. Nombreux bracelets à pommettes, en bronze.
5. Bague et bracelets unis.
6. Fragment d'armilles, en fil de cuivre.
7. Silex taillés, et colonnette en grès.

(Dépôt de Mme Ve Bain de la Coquerie.)

LE ROCHER (PLOUGOUMELEN).

Le 2ᵉ tumulus de la série a été fouillé, en 1872, par MM. Platel et L. Galles.

(*Bull.* 1872, p. 125. — Étiquettes *blanches* à bordure *rouge*.)

8. Fragment d'un vase, avec un cercle de fer.
9. Os et fer trouvés dans l'urne.
10. Bassin en cuivre servant de couvercle à l'urne.

(Dépôt de Mᵐᵉ Vᵉ Bain de La Coquerie.)

PROVENANCES DIVERSES.

(Vitrine M. — Étiquettes *blanches* à bordure *rouge*).

11. Deux fragments de haches en bronze.
12. Deux pointes de lance en bronze.
13. Hache en bronze, type D', avec anneau.
14. Cinq fragments de Vénus anadyomène, en terre blanche.
15. Vingt-deux haches ou coins en bronze, type F.
16. Deux bracelets en bronze, unis.
17. Objet d'ornement en bronze, de provenance inconnue.

(Dépôt de M. Ch. de Ranflech.)

FOUILLE DE KERHAR (GUIDEL).

Objets en bronze trouvés à 300 mètres à l'ouest de Kerhar, en défrichant un bois taillis, en 1876.

(*Bull.* 1876, p. 109. — Vitrine M. — Étiquettes *jaunes*.)

143. Divers fragments de bronze.
144. Cinq fragments d'une épée.
145. Pointe de lance à douille, long. 0,150.
146. Pointe de lance à douille, long. 0,130.
147. Pointe de lance à douille, long. 0,120.
148. Hache à ailerons et anneau, type C'.
149. Lingot de bronze.
150. Trois racloirs fragmentés.
151. Trois anneaux ?
152. Trois agrafes ? et trois épingles.
153. Fragments de fibules.
154. Annelet et hachette.
155. Fragments de bracelets et de tiges diverses.
156. Vingt petits grains de bracelet ou de collier.
157. Objets indéterminés.

(Don de M. l'abbé Euzenot.)

FOUILLE DE KERGAL (GUIDEL).

Objets en bronze trouvés au sud de Kergal, en défrichant une lande, en 1876.

(*Bull.* 1876, p. 110. — Vitrine M. — Étiquettes *roses*).

158. Fragments d'une lame et d'une poignée d'épée.
159. Bord d'un vase en bronze.
160. Hache à ailerons et anneau, type C', cassée.
161. Tranchant de hache, type F'.
162. Hache à ailerons et anneau, type C'.
163. Pointe de lance à douille.
164. Fragment d'une pointe de lance.
165. Pointe de lance à douille.
166. Fragment de pointe de lance.
167. Pointe de lance.
168. Lame de poignard.
169. Lame de poignard, brisée.
170. Fragments divers de bronze.
171. Lingots de bronze.
172. Lame et poignée d'épée en fragments.
173. Calotte hémisphérique avec traverse à l'intérieur.
174. Fragments divers de bracelets.
175. Menus fragments de bronze.
176. Quatre morceaux de racloirs.
177. Objets divers fragmentés.
178. Deux annelets, l'un plein, l'autre creux.
179. Fragments divers de tiges et bracelets.
180. Fragment du pot renfermant les objets ci-dessus.

(Don de M. l'abbé Euzenot.)

CIMETIÈRE GALLO-ROMAIN DE VANNES.

Il était situé sur la route de Nantes à l'angle sud des casernes d'artillerie. En 1877, on y a trouvé, entre autres objets, ce qui suit.

(*Bull.* 1877, p. 98. — Vitrine N. — Petites étiquettes.)

181. Urne funéraire en terre jaune, type U, haut. 0,235.
182. Urne funéraire en terre brune, type U, haut. 0,190.
183. Urne funéraire en terre grise, fragmentée.
184. Urne funéraire en terre brune, type Q, haut. 0,180.
185. Urne funéraire en terre brune, fragmentée, haut. 0,250.
186. Urne funéraire en terre brune, haut. 0,190.

187. Urne cinénaire en terre grise, haut. 0,190.
188. Urne funéraire en terre rougeâtre, haut. 0,180.
199. Urne funéraire en terre brune, fragmentée, haut. 0,240.
190. Urne funéraire en terre grise, fragmentée, haut. 0,145.
191. Urne funéraire en terre rougeâtre, haut. 0,145.
192. Urne funéraire en terre rougeâtre, type U, haut. 0,130.
193. Urne funéraire en terre grise, type U, haut. 0,120.
194. Urne funéraire en terre noire vernie, fragmentée, haut. 0,145.
195. Urne funéraire en terre noire, type U, haut. 0,145.
196. Urne funéraire en terre brunâtre, fragmentée, haut. 0,150.
197. Urne funéraire en terre jaune, type U, haut. 0,135.
198. Urne funéraire en *verre,* et médaille de Posthumus, haut. 0,150.
199. Urne funéraire en grès, type U, haut. 0,145.
200. Urne funéraire en terre noire, type U, haut. 0,140.
201. Urne funéraire en terre rougeâtre, fragmentée, haut. 0,085.
202. Urne funéraire en terre grise, à anse, haut. 0,175.
203. Urne funéraire en terre grise, haut. 0,135.
304. Urne funéraire en terre grise, haut. 0,130.
305. Urne funéraire en terre jaune, haut. 0,140.
306. Urne funéraire en terre grise, haut. 0,093.
307. Urne funéraire en terre grise, haut. 0,090.
308. Urne funéraire en terre noire, fragmentée, haut. 0,100.
309. Vase funéraire en terre noire, en forme d'écuelle.
310. Fiole lacrymatoire en verre, haut. 0,130.
311. Fragments d'une fiole en verre.
312. Fragments d'un vase en verre blanc.
313. Vase funéraire en terre noire, en forme d'écuelle, haut. 0,085.
314. Vase funéraire en terre jaune, en forme d'écuelle, haut. 0,085.
315. Vase funéraire en terre brunâtre, fragmenté, haut. 0,165.
316. Urne funéraire en terre brunâtre, fragmentée.
317. Urne funéraire en terre brunâtre, fragmentée, haut. 0,130.
318. Urne funéraire en terre grise, incomplète.
319. Fragments d'urne funéraire en terre rouge.
220. Fragments d'urne funéraire en terre rouge.
221. Urne funéraire en terre brune, brisée.
222. Pied de vase et fragments de porcelaine.
223. Goulot de vase en terre grise.
224. Fragments de vase en terre brune.
225. Fragment de vase, avec dessins circulaires.
226. Urne funéraire en terre brune ornée, de côtes verticales.
227. Fragment de plat en terre rouge.
228. Fragments d'un grand plat en terre rouge.
229. Fragment d'un vase en fonte.
230. Fragment à rebord d'un vase en terre rouge.

231. Vase funéraire à col étroit et à anse, haut. 0,195.
232. Vase funéraire à col étroit et à deux anses, haut. 0,135. ·
233. Vase semblable au précédent, mais brisé.
234. Coupe plate en terre rouge, larg. 0,160.
235. Bord supérieur d'un vase en terre noirâtre.
236. Vase funéraire brisé, verni et orné de lignes.
237. Vase funéraire brisé, verni et orné de lignes.
238. Vase funéraire brisé, verni et orné de lignes.
339. Vase funéraire en terre vernie, avec ossements.
240. Brique romaine marquée d'une rainure.
241. Plat en terre rouge, diam, 0,240.
242. Fragment d'une lame de verre.
243. Fragment de poterie samienne avec dessins.
244. Fragment de poterie en grès fin,
245. Fragment de poterie en grès fin.
246. Fragment de poterie en grès fin orné de lignes.
247. Fragment de poterie en terre brune orné de lignes.
248. Morceau de silex brûlé.
249. Fragment de poterie orné de dessins.
250. Fragment de poterie orné de lignes.
251. Fragments d'une épingle en os.
252. Fragments d'un grand vase à rebord.
253. Débris d'un objet en fer oxydé.
254. Clou en fer avec tête en bronze.
255. Petite tige en bronze.
256. Hache en bronze, long. 0,130.
257. Médailles d'Antonin et de N...
258. Autre médaille d'Antonin (138-161).
259. Médailles de Faustine et de N...
260. Clous et fragments de fer.
261. Nombreux fragments de poteries diverses.

(Don de MM. Dumont, Revelière et Le Courtois.)

FOUILLE DE KERBERNARD (MOUSTOIR-AC).

Cette fouille, faite en novembre 1856, par M. de la Fruglaye, a donné sept urnes cinéraires.

(Bull. 1858, p. 65. — Vitrine N. — Étiquettes vertes.)

262. Urne cinéraire en terre brune, mutilée.
263. Urne cinéraire en terre brune, mutilée.
264. Urne cinéraire en terre brune, mutilée.
265. Débris d'urnes et d'ossements, et assiette.

(Don de M. de La Fruglaye.)

OBJETS DIVERS.

(Vitrine N. — Étiquettes *blanches*.)

266. Moulage d'un buste d'empereur romain, haut. 0,255.
267. Statuette antique d'Esculape, en terre cuite, haut. 0,310, donnée par M. A. Le Roy.
268. Vase en terre jaune à col droit, haut. 0,300, trouvé à Vannes, et donné par M. Martine jeune.
269. Deux goulots de vase en terre jaune.
270. Peson de métier, trouvé à Moustoir-ac.
271. Peson de métier, trouvé à Saint-Symphorien de Vannes.
272. Tranche de vase du bassin de Penhoet à Saint-Nazaire.

SAINT-CHRISTOPHE (ELVEN).

Fouille d'un établissement gallo-romain, faite en 1842, par M. le capitaine Thann.

(*Bull.* 1857, p. 51. — Vitrine O. Étiquettes *jaunes*.)

273. Patère en bronze, diam, 0,066.
274. Anse en bronze, haut. 0,090.
275. Annexe de l'anse, orné d'un buste de femme.
276. Deux pommeaux ou boutons en bronze.
277. Fibule en bronze, en forme de losange, trace d'émail.
278. Clef en bronze, long. 0,074.
279. Fragments de verre.
280. Fragments de poterie samienne.
281. Fragments de poterie noire.
282. Fragments d'enduit.

(Don de M. Thann.)

RUE DE RENNES (VANNES).

(Vitrine O. — Étiquettes *violettes*.)

283. Fragments de poterie samienne unie.
284. Fragment de poterie samienne avec dessins.
285. Grès à aiguiser.
286. Fragments de poterie commune.

(Don de M. Droual).

RUE DU ROULAGE (VANNES).

(Vitrine O. — Étiquettes *blanches*.)

287. Fragments de poterie samienne unie.
288. Fragments de poterie samienne avec dessins.

(Don de M. Renard.)

GARE DE VANNES.

(Vitrine O. — Étiquettes *roses*.)

289. Fragment de pot en terre grise, orné de bossettes.
290. Fragment de poterie samienne unie.
291. Écuelle et fragments en terre commune.

(Don de M. le Dr de Closmadeuc.)

RUE DES VIERGES (VANNES).

(Vitrine O. Étiquettes *bleues*.)

292. Fiole en verre et fragments de verre.
293. Boulette en terre cuite.
294. Fragments d'anse et de poterie commune.

(Don de M. Léguillon, en 1857.)

LE LODO (ARRADON).

Établissement gallo-romain, fouillé en 1856 et 1857, par la Société.

(*Bull.* 1857, p. 52. — Vitrine O. — Étiquettes *blanches*.)

295. Vase en terre noire, brisé, haut. 0,165.
296. Médaille en verre représentant un coq.
297. Fragment d'anneau en verre bleu.
298. Fragment de bracelet en bois.
299. Rondelle en brique ou terre cuite.
300. Fragments de poterie mince en terre rouge.
301. Vase en terre noire, muni d'une anse.
302. Boutons et objets divers en bronze.
303. Andouiller de bois de cerf.
304. Fragments de marbres divers.
305. Fragments d'objets divers en verre.
306. Fragments de poterie samienne.

Nota. Les monnaies romaines de l'an 253 à 361 sont au médaillier, les marbres, ardoises et cuve de plomb sont mis à part à cause de leur poids.

TRÉALVÉ (SAINT-AVÉ).

Établissement gallo-romain fouillé en 1857 par la Société.

(*Bull.* 1859. p. — Vitrine O. — Étiquettes *vertes*.)

307. Objets divers en fer:

308. Anses et fragments de poterie commune.

309. Fragments de poterie noire et fine.

310. Monnaies romaines de Gallien , Salonine et Tetricus.

311. Épingle et grain en bronze.

312. Fragment de poterie épaisse ; potier : SAMIVS.

313. Fragments de poterie samienne unie.

314. Fragments de verre.

SAINT-SYMPHORIEN (VANNES).

Établissement gallo-romain fouillé en 1857 par la Société.

(*Bull.* 1857, p. 68. — Vitrine O'. — Étiquettes *violettes*.)

315. Fragments de poterie samienne avec et sans dessins.

316. Goulot de vase en terre commune.

317. Fragments de vase en terre commune ; potiers : SAMIVS.

318. Fragments de poterie noire.

319. Vase cylindrique en terre grise , haut. 0,110, anse cassée.

320. Pied en bronze d'un meuble et fragment de bronze.

321. Instrument de toilette en bronze , donné par M. Huchet.

322. Médailles de Victorin, de Constantin II , etc..

MANÉ-BOURGEREL (ARRADON).

Villa gallo-romaine fouillée en 1856-1858 par la Société.

(Vitrine O' — Étiquettes *bleues*.)

323. Fragments de poterie samienne avec ou sans dessins.

324. Fragments de poterie noire avec ou sans dessins.

325. Fragments de poterie commune.

326. Monnaies romaines.

327. Trois petits objets en bronze.

328. Trois fragments d'enduits colorés.

329. Fragment de marbre.

330. Grain en terre cuite, percé au centre, diam. 0,039.

331. Disque en os, percé au centre, diam. 0,043.

332. Fragment d'un peigne en os.

333. Fragments divers en terre cuite.

334. Fragments de vase en verre.

335. Clous et objets divers en fer.

QUINIPILY, KERANDRUN.

336. Monnaies romaines, trouvées à Quinipily en Baud, et données par M. Jouanno.

337. Monnaies romaines, trouvées à Kerandrun en Theix, et données par M. Arrondeau.

KERHOET (ERDEVEN).

Pointe située près de Kerhélio, et fouillée en 1871 par M. l'abbé Collet.

(Vitrine O' — Étiquettes *jaunes*.)

338. Fragments de petits vases en terre rouge, en forme d'auge.
339. Fragment de machefer.
340. Fragment d'os.
341. Fragment de poterie épaisse.
342. Fragment de poterie samienne.
343. Disque en terre cuite, percé au centre.

(Don de M. l'abbé Collet.)

BOCENNO (CARNAC).

Villa gallo-romaine fouillée en 1875 par M. James Miln.

(Vitrine O' — Étiquettes *violettes*.)

344. Quatre fragments d'enduit avec incrustation de coquillages.
345. Faç-similé d'un bœuf en bronze.

(Don de M. Miln.)

KÉRAN (ARRADON).

Fouille faite en 1859 par la Société.

(Vitrine P. — Étiquettes *jaunes*.)

346. Fragments de poterie samienne unie.
347. Fragments de poterie samienne à dessins variés.
348. Noms de potiers : VERECV ... — SAM ... — IANI OF. — .. VCIO. — CI.IVS M. —
349. Fragments de poterie fine à couverte noire.
350. Vase fragmenté en poterie commune, avec pieds.
351. Fragment de poterie commune avec nom de potier.
352. Goulot d'amphore.
353. Divers fragments de verre.
354. Tranchant d'une hachette en pierre.

355. Boucle, chaînette et autres objets en bronze.
356. Hachette, clous, chaîne, etc. en fer.
357. Chevilles en os, tirées du carrelage.
358. Défense de sanglier.
359. Fragments de bois de cerf.
360. Fragment de pilon en grès.
361. Disque percé en terre cuite.
362. Disque uni en terre cuite.
363. Fragment de Vénus anadyomène.
364. Médailles romaines de Claude II, Constantin I, Constant, etc.
365. Pierre blanche percée.
366. Dalles ornées de bas-reliefs.
367. Ardoises de carrelage.

SAINT-JULIEN (QUIBÉRON).

Fouille pratiquée en 1871 par M. l'abbé Collet.

(Vitrine P. — Étiquettes *violettes*.)

368. Fragments de poterie rouge.
369. Fragments de poterie noire à rebord.
370. Fragment de charbon.
NOTA. On y a trouvé une monnaie de Marc-Aurèle.

(Don de M. l'abbé Collet.)

PROVENANCES DIVERSES.

(Vitrine P. — Étiquettes *blanches*.)

371. Dé en terre cuite, acquis de M. l'abbé Marot.
372. Bord de vase avec nom de potier, de Lescorno, don de M. Luco.
373. Portion de vase en terre grise, de Locmariaker : don de M. de
 Brisay.
374. Fragments de poterie samienne avec dessins, de Locmariaker.
375. Lampe en terre cuite, de Baden : don de M. de Closmadeuc.
376. Lampe émaillée, donnée par Mme Ve Lorois.
377. Lampe en terre cuite, d'Orléansville : don de M. Sériziat.
378. Lampe en forme de sphinx, donnée par Mme Ve Lorois.
379. Petite amphore, d'Algérie, donnée par M. L. Galles.
380. Vase à anse surélevée, donné par M. A. Mauricet.
381. Ecuelle en terre grise, de provenance inconnue.
382. Pied de vase, trouvé à Vannes, donné par M. Martine jeune.
383. Vase en terre jaune, trouvé et donné par le même.

RUELLE DU BÉZARD (VANNES.)

Entre la rue Fontaine et l'avenue Billault.

(Vitrine P. — Étiquettes *vertes*.)

384. Petit vase fragmenté en terre samienne, haut. 0,130.

385. Petit vase semblable, anse cassée, haut. 0,115.

386. Petit vase en terre jaune, haut. 0,090.

387. Petit vase semblable au précédent, haut. 0,085.

388. Jatte brisée couvrant les objets ci-dessus.

389. Fragment de dolium qui renfermait tout ce qui précède.

(Don de MM. Ozo et Le Guen.)

DÉPOTS DIVERS.

(Vitrine P. — Étiquettes *blanches* à bordure *rouge*.)

18. Vase en terre noire fine, haut. 0,147.

19. Vase à goulot allongé, en terre noire, haut. 0,250.

20. Ecuelle en terre samienne, diam. 0,216.

21. Ecuelle en terre commune, à large rebord.

(Dépôt de M. Ch. de Keranflech.)

22. Tête de jeune fille trouvée à Locqueltas (Crach) : dépôt de Mme de Kerret.

OBJETS DIVERS.

Disséminés dans la IIe salle.

390. Amphore en terre jaune, à goulot cassé, trouvée à Saint-Symphorien en 1867, et donnée par M. Léguillon.

391. Fac-similé de l'inscription de la borne milliaire de Saint-Christophe, en Elven : MAGNO. IMP. CAES. AVRELIAN. INVICTO, TRIB. POT. III. P. P. P. A. D. M.

392. Grandes briques carrées sans rebord.

393. Briques carrées, de diverses grandeurs, provenant des hypocaustes de l'Elveno, du Lodo....

394. Tuyaux en briques, de diverses grandeurs, servant à conduire la chaleur.

395. Briques à rebord, pour les couvertures.

396. Briques courbes, pour les couvertures.

397. Dalles de carrelage.

398. Photographie d'une amphore trouvée près de Gâvres.

399. Vase à anse, en terre noire, trouvé à Moustoirac et donné par M. de Cussé.

400. Petite écuelle, en terre samienne, trouvée à Moustoirac et donnée par M. de Cussé.

III° SALLE.

Cette pièce renferme les objets du Moyen-âge et de la Renaissance jusqu'aux temps modernes.

TAPISSERIES.

1. Tapisserie aux armes de France et de Bretagne ; figures allégoriques de la justice et de la force ; inscription : FAIT A AVBVSSON, 1672 : acquisition de la Société.

2. Tapisserie représentant un guerrier grec, avec l'inscription : M. R. D'AVBVSSON. Dépôt.

3. Fragment de tapisserie représentant une partie du jugement de Salomon : M. R. D'AVBVSSON. Dépôt.

4. Tapisserie représentant des oiseaux et une forêt, donnée par M. Montfort, juge ; derrière la précédente.

5. Tapisserie représentant une femme à genoux ; inscription : M. R. D'AVBVSSON.

6. Tapisserie, placée derrière la précédente, représentant des arbres ; inscription : M. R. D'AVBVSSON.

7. Tunique en velours rouge, avec orfrois brodés, représentant d'un côté, saint André, saint Jude, saint Simon, saint Philippe, saint Etienne, et un Évêque, et de l'autre côté, saint Jean Baptiste, saint Matthieu, saint Laurent, saint Jacques le majeur, saint Barthélemy et saint Thomas : provenant de Saint-Fiacre, en Radenac.

8. Dalmatique, en velours rouge, avec orfrois brodés, représentant d'un côté, saint Pierre, saint Jean, saint Thaddée, saint Paul, saint Jacques le mineur, saint Mathias, et de l'autre côté, un Évêque, saint Sébastien, saint Honoré, sainte Catherine et saint Vincent diacre : provenant de Saint-Fiacre en Radenac.

OBJETS DIVERS.

(Grande vitrine. — Étiquettes *roses*.)

9. Casque en fer battu, du XVI° siècle.

10. Sceau de majesté en cire jaune : dépôt de M. de Kanflech.

11. Ancien écusson de Vannes : don de M. L. Galles.

12. Ancien bois gravé pour l'imprimerie : dépôt de M. de Kanflech.

13. Autre bois représentant un Évêque : dépôt de M. de Kanflech.
14. Peson à croc et à cadran : don de M. Salmon.
15. Petit peson ou balance romaine pour les petits objets.
16. Balance et poids avec bassins en cylindre.
17. Balance commune et série de poids.
18. Petite balance ou trébuchet, avec ses poids : don de M. Galles.

SCEAUX MATRICES.

(Grande vitrine. — Étiquettes *blanches*.)

19. Sceau des États des pays et duché de Bretagne : acquisition.
20. Sceau des Jégou du Laz : don de M. Drouart.
21. Sceau du Cambout : don de l'abbé Piéderrière.
22. Sceau des Carmélites de Ploërmel, 1627 : don de M. Rosenzweig.
23. Sceau de Mgr Garnier : don de M. Keyser.
24. Sceau du district d'Hennebont : don de M. G. de Closmadeuc.
25. Sceau de la sénéchaussée d'Auray, 1690.
26. Sceau : 243, Malestroit, ville, ambulant.
27. Séel Iéhane Béguen ; don de M. Salmon.
28. Sceau de la Direction de Lorient.
29. Sceau d'Amiot, commandant d'armes : don de M. Euzenot.
30. Sceau des actes de la cour de N...
31. Sceau figurant un cœur blessé.
32. Sceau ovale à caractères gothiques.
33. Sceau représentant une tête laurée : don de M. Salmon.
34. Sceau en plomb du concile de Bâle, 1431 : don de M. Marot.

(Voir plus loin les empreintes et les moulages.)

TUILERIE.

(Grande Vitrine. — Étiquettes *vertes*.)

35. Nombreux carreaux en terre cuite vernissée, provenant d'un tympan de porte, rue de Séné : don de M. Placier jeune.
36. Carreau en terre cuite, du château de Carné en Noyal-Muzillac, inscription gothique : « enrrf feaufe ðorf ? : don de M. Piéderrière.
37. Carreau en terre cuite, du château de Molac, offrant un lion et l'inscription gothique ℬ. ðonni ? don de M. de Limur.
38. Carreau en terre cuite, de Guéhenno, présentant une licorne et l'inscription gothique ℬ. ðonni ? don de M. de Cussé.

39. Carreau en terre cuite, représentant une licorne, sans inscription : don de M. L. Galles.

40. Carreau en terre cuite, de la Villeglé en Lantillac, représentant un homme à cheval : don de M. Bréhier.

41. Fragment de carreau en terre cuite, du château de Rohan, dessin de macles : don de M. Fouquet.

42. Carreaux en terre cuite vernissée, du souterrain du château d'Elven : don de Mme V^e Le Vannier.

43. Fragments de carreaux vernissés, provenant de Conleau : don de MM. Galles et de Cussé.

44. Trois carreaux en terre cuite, unis.

Objets de piété.

(Grande vitrine. — Étiquettes *bleues*.)

45. Vierge en cuivre, entourée de rayons, statuette du XIIIe siècle ? donnée par M. l'abbé Piéderrière.

46. Christ en bronze, du XIIe ou XIIIe siècle, trouvé dans l'étang de Jugon et donné par M. Le Brigant.

47. Christ en cuivre, du XVIe siècle, monté sur une croix moderne.

48. Fac-similé d'une croix et d'un christ en bronze, du XIIe siècle, provenant de Gavr'iniz : don de M. de Cussé.

49. Revers de la même croix.

50. Petite croix en cuivre, avec sainte Anne, trouvée dans le cimetière de la Visitation, à Vannes.

51. Petite croix en cuivre, avec la Vierge, trouvée à Saint-Symphorien en 1864.

52. Médaille de saint Joseph, trouvée à Quibéron.

53. Médaille de N.-D. de Lorette et de saint Charles Borromée.

54. Moulage d'un fer à hosties, provenant du Gâvre (Loire-Inférieure.)

OBJETS PRÉCIEUX.

(Même vitrine. — Étiquettes *jaunes*.)

55. Deux flambeaux, en cuivre émaillé, de Limoges, style renaissance : don de M. L. Galles.

56. Bague en argent, avec chaton en verre bleu, trouvée à Billiers : dépôt de M. Piéderrière.

57. Anneau en cuivre, orné de fleurs et de l'inscription gothique : don d'Anne Le Fur.

58. Plaques de pistolet, en argent gravé, trouvées à Coetbihan en Questembert : don de M. Piéderrière.

59. Bague du xvᵉ siècle, en argent doré, trouvée à Guidel, donnée par M. Euzenot.

60. Bague en argent, montrant un cœur et la lettre L, trouvée rue des Vierges à Vannes, et donnée par M. L. Galles.

61. Médaille en cuivre, offrant l'almanach réduit de l'an 1778, donnée par M. L. Galles.

62. Bijou en cuivre émaillé, présentant un échiqueté, trouvé rue du Mené à Vannes, donné par M. A. Mauricet.

63. Montre en cuivre niellé, du xviiᵉ siècle. Dépôt de M. de Limur.

64. Fac-similé d'un coffret à bijoux, en cuivre argenté, du xvᵉ siècle, représentant une Annonciation et des scènes d'amour; l'original est à l'église de Saint-Avé.

65. Coffret en fer doré et en cuivre, du xviᵉ siècle, avec serrure à secret.

OBJETS DIVERS.

(Même vitrine. — Étiquettes *blanches*.)

66. Médaillon de Franklin par Nini : don de M. Guiheneuc.

67. Clef en fer, du xviiiᵉ siècle, à poignée découpée.

68. Clef en fer, du xviᵉ siècle, de la chapelle Saint-Yves en Bréhan.

69. Clef en cuivre, découpée à jour, de Guéhenno : don de M. de Cussé.

70. Clef en fer, donnée, par M. Gaudin chanoine.

71. Clef en fer, découpée à jour, de Vannes.

72. Peson de fuseau en cuivre, donné par M. Guyot-Jomard.

73. Quatre pesons en plomb, donnés par M. Fouquet.

74. Ecuelle et cuillère en étain, de Muzillac : don M. de Piéderrière.

75. Cuillère en cuivre doré, de l'étang des Lices : M. de Fréminville.

76. Fourchette à dessert, en argent gravé : don de M. R. Jollivet.

77. Cuillère en bois sculpté, de Saint-Congard : don de M. Fouquet.

78. Ivoire sculpté, ou hanap, trouvé dans l'hôtel du Poul, rue du Drézen, à Vannes, et représentant des scènes d'amour.

79. Vase en étain, marqué : GU. CARTRON.

80. Vase en étain, plus grand, sans marque.

81. Vase en faïence de Quimper, OUIN, donné par M. Fouquet.

82. Vase en grès trouvé dans l'étang des Lices : don de M. Méry.

83. Vase trouvé à Kjubin (Monterblanc), avec des pièces du xviᵉ siècle.

84. Vase en terre trouvé au château de Rochefort.

85. Petit cercueil en plomb, provenant de Pontsal (Plougoumelen), et portant l'inscription suivante : *Cy gît le couer de haulte et puissante dame Louise de Laulnày, espouse de hault et puissant George de Bueil, lieutenant général pour le Roy en Bretaigne, laquelle décéda le dernier jour de mars 1585.* — Don de M. F. Dondel de Kgonano.

86. Jeu de tarot italien : don de M. Le Carpentier.

87. Tête de statuette en faïence, d'Auray, donnée par M. Closmadeuc.

88. Fragments de flûtes, trouvés à l'hôpital, à Vannes.

89. Collier moderne en ambre et verroterie.

90. Autre collier moderne en ambre.

91. Vase double, à jour, verni, donné par M. Gouézel, de Palais. ·

92. Tête en kersanton, trouvée sous la chapelle des Jésuites.

93. Fragments de statuette, de Riec en Belz : don de M. Beauvais.

94. Ancien microscope.

95 Bouteille trouvée au château d'Erech, en Questembert.

ARMES.

(Grande vitrine. — Étiquettes *roses*.)

96. Carreau d'arbalète, trouvé dans la Vilaine à Rennes, donné par M. L. Galles.

97. Eperon en fer, trouvé dans la lande de Lanvaux, donné par M. l'abbé Marot.

98. Entraves en fer, trouvées dans la lande de Lanvaux, données par M. l'abbé Marot.

99. Canon de pistolet, trouvé à Coetbihan, en Questembert, donné par M. l'abbé Piéderrière.

100. Garde d'épée en fer, trouvée près de la Chartreuse d'Auray.

101. Objet en fer, trouvé dans la mer, près de Borcastel, (Sauzon.)

102. Fer de hallebarde, des environs de Rochefort, don de M. Juhel.

103. Fer de hallebarde, trouvé à Bodaviny en Saint-Nolff, et donné par M. Lepertière.

104. Boulet en fer, trouvé au pont d'Hennebont.

105. Garniture en fer pour une tige en bois.

106. Biscaïens trouvés à l'ancienne préfecture.

107. Boulet trouvé à Toulhoet, en la Vraie-Croix.

108. Fer de lance, de provenance inconnue, long. 0,573.

109. Fer de lance, trouvé au château de Rochefort, long. 0,548.

110. Fer de lance, trouvé à Branbily en Mauron, long. 0,317 : donné par M. l'abbé Piéderrière.

111. Fer de lance, trouvé au château de Rochefort, long. 0,600.

112. Fer de lance, trouvé au château de Rochefort, long. 0,365.

113. Fer de lance, de provenance inconnue.

114. Fer de lance, trouvé au pont d'Hennebont, long. 0,232.

115. Fer de lance, donné par M. Marot, long. 0,315.

116. Hache en fer, trouvée dans les fondations de la halle de Vannes.

117. Hache en fer, donnée par M. Marot, long. 0,180.

118. Epée en fer, trouvée au pont d'Hennebont, long. 0,915, donnée avec les Nos 104 et 114 par M. de Boisanger.

119. Yatagan arabe, avec fourreau en cuivre : legs de M. A. Le Roy.

120. Yatagan arabe, avec fourreau en bois : legs de M. Le Roy.

121. Poignard arabe, avec sa gaine : don de M. Salmon.

122. Dague du XVIIe siècle : dépôt de M. Dussard.

123. Canon de fusil, long. 1m,280 : dépôt de M. de Kanflech.

124. Canon de fusil damasquiné, long. 1,078 : dépôt du même.

OBJETS DIVERS.

(Grande vitrine. — Étiquettes *blanches.*)

125. Fléau de balance en cuivre : dépôt de M. de Limur.

126. Ecussons brodés de René le Séneschal de Carcado, de Molac, etc. et de Jeanne Magon sa femme, tirés d'une chasuble de Sulniac.
Armes : 1° Rohan, 2e Bretagne, 3° Rosmadec, 4° Plessis, 5° Séneschal. — Magon.

127. Galon d'ornement d'église, provenant d'Hennebont.

128. Cadran solaire , offrant les signes du zodiaque , quatre personnages, et les inscriptions suivantes : DEVS MOVET, VMBRA DOCET. — CERNIS QVA VIVIS, QVA MORIERE LATET. — CONFECTVM TERTIO CALENDAS IVNII AN. DNI... Don de M. Guyot-Jomard.

129. Ardoise fragmentée, portant l'inscription suivante : IVRA FEREND... AT MORIMVR TAN... ET NRE PERSOLVIMVS.. DEBITA NATVRAE... CVIQVE STATVTA V... O PATER OMNIPOTENS... NRI MISERERE PREC.... RVRSVM VT VIVAMVS... TEMPVS IN OMNE VI... — de la cathédrale de Vannes.

130. Feuilles manuscrites et imprimées : don de M. Piéderrière.

131. Livres de chant : manuscrits du XVIe siècle.

132. Moulage d'un bas-relief, représentant le baiser de Judas : dépôt de M. de Limur.

133. Sculpture en marbre, représentant la Flagellation de Notre-Seigneur : don de M. Tanguy.

134. Moulage d'une main de femme : don de M. Hervieu.

135. Fragments de vitraux encadrés : don de M. L. Galles.

136. Portrait de saint Denis sur verre : don de M. Taslé.

137. Fragments de vitraux peints, de diverses provenances.

138. Moule de faux monnayeur, représentant Louis XIV : trouvé à Mauron, donné par M. Piéderrière.

139. Fragment de vase funéraire, provenant du cimetière d'Elven : don de M. Mauricet.

140. Deux vases acoustiques, provenant de l'ancienne église de Plougoumelen, donnés par M. Pottier.

141. Fragment de brique et d'inscription : don de M. Gigon.

142. Objets en terre cuite, trouvés dans les ruines de Saint-Jacques en Sarzeau.

MOULAGES DE SCEAUX.

(Grande vitrine. — Étiquettes *vertes*.)

143. Grand sceau de la Caroline du Sud. D'un côté un palmier avec l'exergue : SOUTH CAROLINA. ANIMIS OPIBUS QUE PARATI, et la date 1776. De l'autre une femme avec l'inscription : DUM SPIRO SPERO. — SPES.

144. Grand sceau de Louis XII, représentant le roi assis sur son trône, tenant le sceptre et la main de justice ; inscription : SIGILLUM LUDOVICI....

145. Contre-sceau aux armes de France, appartenant peut-être à la même époque.

146. Grand sceau de Louis XIII, figurant le roi dans sa majesté, assis sous un dais, dont deux anges tirent les rideaux ; la devise a disparu.

147. Grand sceau de Louis XIV, en 1684, représentant le roi dans sa majesté ; en devise : LOVIS XIIII PAR LA GRACE DE DIEV ROY DE FRANCE ET DE (NAVARRE.)

148. Contre-sceau du précédent, figurant les armes de France soutenues par deux anges et ornées de la couronne royale.

149. Sceau de Louis XIV, en 1705, présentant les armes de France surmontées de la couronne et flanquées de deux hermines ; en devise : S. LUDOVICI XIIII DEI GRA. FRAC. E NAVA. REGIS. IN DVCAVTV BRITANIÆ ORDINATUM.

150. Grand sceau de Louis XV, en 1745, figurant le roi dans sa majesté, sous un dais, dont deux anges tirent les rideaux ; l'inscription a disparu.

151. Contre-sceau du précédent, présentant les armes de France avec couronne et support.

(Dans une petite vitrine noire.)

152. Sceau ou bulle du pape Calixte III, offrant les têtes des Apôtres
et l'inscription s. PA. s. PE.

153. Sceau ou bulle du pape Sixte IV, en 1481, présentant d'un côté
les têtes de saint Pierre et de saint Paul, et de l'autre
l'inscription : SIXTUS PAPA IIII.

154. Sceau ou bulle du pape Jules II, en 1505, montrant d'un côté les
têtes de saint Pierre et de saint Paul, et de l'autre l'inscription : IVLIVS PAPA II.

155. Bulle du pape Jules III, en 1553, présentant d'un côté les têtes
de saint Pierre et de saint Paul, et de l'autre la devise : IVLIVS
PAPA III.

156. Bulle du pape Paul V, en 1610, offrant d'un côté les têtes de
saint Pierre et de saint Paul, et de l'autre la légende : PAVLVS
PAPA V.

157. Bulle du pape Benoît XIV, en 1753, ayant d'un côté les têtes de
saint Pierre et de saint Paul, et de l'autre l'inscription :
BENEDICTVS PAPA XIV.

158. Sceau de Jean II, duc de Bretagne, mort en 1305, figurant un
chevalier lancé au galop ; sur la bordure on lit encore :
S. JOHANNIS.

159. Contre-sceau du précédent, offrant l'écu de Bretagne à 10
moucheutres d'hermines 4, 3, 2, 1, et l'inscription :
† CONTRA (SIGIL. IOHIS DUCIS BRITANNIE.)

160. Fragment du contre-sceau d'Arthur II, duc de Bretagne, en 1310,
présentant l'échiqueté de Dreux et le franc quartier d'hermines.

161. Fragment du sceau de Jean V, duc de Bretagne, tiré d'un acte
de 1405, et figurant un chevalier tenant l'épée levée.

162. Fragment du contre-sceau du N° précédent, présentant une
hermine et l'inscription gothique : CONTRA (SIGILLVM) JOHA...

163. Sceau de majesté de Pierre II, duc de Bretagne, en 1454,
représentant le prince assis sur son trône : légende
gothique : S. PETRI DUCIS BRITANNIE, COMIT. MONTISFORTIS ET
RICHEMONT.

164. Sceau d'Anne de Bretagne : écu parti de France et de Bretagne,
surmonté d'une couronne, supporté par deux lions, et entouré
d'une cordelière ; devise gothique : ANNE PAR LA GRACE DE
DIEV ROYNE DE FRANCE DVCHESSE DE BRETAIGNE.

165. Fragment de sceau aux armes de Bretagne : d'argent à dix
moucheutres d'hermines 4, 3, 2, 1.

166. Sceau de la cour de Nantes, en 1478 : Écu de Bretagne supporté par des lions : légende gothique : (SCEAV) DES CONTRAS DE LA COVRT (DE NANTES).

167. Contre-sceau du précédent, offrant l'écu de Bretagne et la devise gothique : LE PETIT (SCEAV DES CONTRAS) DE LA COVRT DE NANTES.

168. Sceau de la sénéchaussée de Vannes, en 1452 : Écu de Bretagne dans un polylobe ; légende gothique.... AD CONTRACTOS DE VEN.

169. Contre-sceau et réduction du N° précédent : Écu de Bretagne ; légende gothique : S. M. PETRI DVC. BRITAN. AD CONTRACTOS DE VENET.

170. Sceau de la sénéchaussée et présidial de Vannes, en 1740 : Écu de Bretagne ; légende : S. DES ACTES DE VENNES.

171. Sceau de la sénéchaussée d'Auray, en 1490 : Écu de France flanqué de deux mouchetures d'hermines ; devise gothique : S. DES CONTRAS DE LA COVRT D'AVRAY.

172. Sceau de la sénéchaussée d'Hennebont, en 1334 : Écu de Bretagne dans un polylobe, 5, 4, 3, 2, 1.

173. Sceau à sept annelets ou tourteaux ou besants, 3, 3, 1, surmontés d'un lambel ; deux polylobes.

174. Sceau de la sénéchaussée d'Hennebont, en 1740 : Écu semé d'hermines ; † SEAV DES ACTES DE HENBOND.

175. Sceau de Charles de Rohan, s^{gr} de Guémené, en 1422 : Écu écartelé ; cheval, branches. Reste de légende gothique : ROHA SIRE DE GVÉMENÉ GVÉGAT.

176. Sceau de Perrot Le Lart, notaire de la cour de Guémené, en 1412. Écu à un canton.

177. Sceau de Jehan de Kerriec, notaire de la cour de Guémené en 1421 ; Écu à une fleur de lys.

178. Sceau de Guillaume de Séguélien, notaire de la cour d'Hennebont, en 1423 : Écu à une fleur de lys, accomp. de 3 quintefeuilles.

179. Sceau de Jehan Le Picart, notaire de la cour de Guémené, en 14.. Écu à un lion accompagné de 3 merlettes.

180. Sceau de la famille de Cadoudal, ou autre semblable : Écu à la croix engrêlée.

181. Sceau de l'officialité de Vannes, en 1455, offrant une mitre, une crosse et une clef ; forme de losange et inscription gothique : SILL. CVRIE OFFICIALIS EPISCOPI VENETENSIS.

182. Sceau de l'officialité de Quimper, en 1504, figurant un buste d'Évêque avec crosse et mitre ; devise : SIGILLVM. CVRIE. CORISOPIT.

183. Sceau du chapitre de Vannes, en 1287, offrant le buste de saint Pierre avec les clefs, et l'inscription circulaire : SCUS. PETR. VENET.

184. Sceau du chapitre de Vannes, en 1460 : sénestrochère tenant une clef à double panneton ; légende circulaire : † SECRETUM CAPIT. VENETENS.

185. Sceau du chapitre de Vannes, en 1476 : sénestrochère tenant une clef à simple panneton ; cercle entourant l'écu.

186. Sceau des délégués du pape pour l'aliénation des biens du clergé en 1586, présentant la façade de saint Pierre de Rome, et l'exergue : SIG. DELEGATORUM. PRO. ALIEN. REB. ECCLES. 1586.

187. Sceau de frère Martial Orbeau, général des dominicains en 1470 : religieux agenouillé au pied de la croix ; légende : SIG. MARTIALIS AVRIBELI GNALIS MAGRI ORDINIS (PREDICAT.)

188. Sceau du couvent des Dominicains de Nantes, en 1470 : trois personnages sous un dais ; légende : S. CONVENTVS (ORDINIS PREDICATORVM) NANNETEN.

189. Sceau du provincial des Franciscains de Bretagne, en 1790 : Image de la sainte Vierge sous un dais, écu de Bretagne ; légende : SIGILLVM MINISTRI PROVINCIALIS PROVINCIÆ BRI-TANIÆ.

190. Sceau du provincial des Récollets de Bretagne, en 1790 : Sainte Vierge sous un dais ; écu de Bretagne ; légende : SIG. MINIST. PROV. FRATR. MINOR. RECOLL. PROV. BRITANNIÆ.

191. Sceau de l'université d'Angers, en 1750 : Ange tenant un livre : IH. S. MA. A. Exergue : SIGILLVM RECTORIS ET VNIVERSITATIS ANDEGAVENSIS.

192. Sceau des États-unis d'Amérique, en 1796 : Écu pallé d'argent et de gueules, présenté par un aigle tenant dans ses serres un rameau et la foudre, et dans son bec la devise : NEC PLVRIBVS IMPAR.

OBJETS DIVERS.

(Disséminés dans la salle. — Étiquettes *blanches*.)

193. Coffret en bois de santal, orné de dessins, représentant le jugement de Salomon : acquisition.

194. Huit panneaux en bois, sculptés à jour, provenant de l'église de Gourin, donnés par M. Le Mauguen.

195. Bas-relief en bois, représentant l'arbre de Jessé, provenant de Remungol, donné par M. Gaudin, chanoine.

196. Portrait de Charles de Guise, cardinal de Lorraine, provenant de Prières, donné par M. Cornudet.

197. Miniatures d'un Antiphonaire du XVIIᵉ siècle, données par M. L. Galles.

198. Deux images, sur parchemin découpé au canivet, données par M. L. Galles.

199. Empreintes sur cire de plusieurs sceaux antérieurs à 1789.

200. Lettres initiales, tirées d'un Antiphonaire du XVIIᵉ siècle, données par M. L. Galles.

201. Photographie du château de Largoet, en Elven; vue prise du côté du Nord.

202. Photographie du château de Sucinio, en Sarzeau.

203. Photographie de la tour du Connétable, à Vannes; vue prise du Sud.

204. Photographie des armes de Rieux, sculptées au château de Largoet; don de M. L. Galles.

205. Réduction en bronze du gaulois ou du gladiateur mourant : legs de M. A. Le Roy.

206. Reproduction photographique d'une gravure du XVIIIᵉ siècle, donnée par M. R. Jollivet.

207. Miniatures d'un Antiphonaire du XVIIᵉ siècle, données par M. L. Galles.

208. Fragment de tenture en cuir gaufré et doré, de Quinipily en Baud, donné par M. Guyot-Jomard.

209. Collection de divers assignats de la Révolution, donnés par M. Jacquolot et autres.

210. Photographie du château de Josselin, vu du côté de la rivière d'Oust.

211. Photographie du château de Josselin, vu du côté de la cour intérieure.

212. Réduction de la pierre tumulaire de Pierre de Broerec, dans la chapelle de Locmaria, en Plœmel.

Inscription gothique : CI. GEIT. PRES. FIVZ. ALEIN. DE. BROEREC. DONT. DEUX. AEST. L'AME. Q. TPASA. A. SAMVR. LE. JEVDI. AVAT. LA. SAINT. MARTIN. DIVER. EN. VENET. DE. LA. GERE. D'ENT. LE. ROI. DE. FRANCE. ET. LE. ROY. D'ENGLETERRE. E. FVT. L'OT. DE. FRANCE. AU. PONT. D'AVANDIN. ET. L'OT. D'ENGLETERRE. DAVANT. TORNAY. E. LE. FIT. ALES. SA. FAME. ET. GUILL. SON. FRÈRE. APORTER. CEANS. L'AN. M. CCC. E. XL. — Don de M. L. Galles.

213. Photographie d'un portrait d'Anne-Toussainte de Volvire, 1653-1694, donnée par M. L. Galles.

214. Deux vues photographiques d'une croix du xv⁰ siècle, dans le cimetière de Vannes ; don de M. Hildebrand.

215. Fusil arabe, plaqué en argent, provenant de la Kabylie, légué par M. A. Le Roy.

216. Carte des provinces de France, donnée par M. Salmon.

217. Deux sabres croisés, dont un d'abordage, et l'autre d'honneur.

218. Pique ou chasse-gueux, du XVIIIᵉ siècle, avec un pied garni.

219. Statue en bois, très mutilée, représentant un chevalier du xvᵉ siècle ; don de M. Foulon.

220. Deux statuettes en bois peint, représentant chacune un ange tenant un calice ou un chandelier.

221. Pierre d'autel, portant au revers un écusson mutilé et l'inscription : 1628. JOHAN. D'ORIGNY. DOCTOR. PARIS. ET CANONICVS. THEOLOG. VEN. DESTRVCTAM. RESTITVIT.

Trouvée à Vannes, donnée par M. G. de Closmadeuc.

MÉDAILLIER.

La collection des monnaies et médailles comprend actuellement, en or, argent et bronze :

Monnaies gauloises	34
Monnaies grecques	77
Monnaies romaines	2,000
Monnaies bretonnes	184
Monnaies françaises	700
Monnaies baronniales	350
Monnaies étrangères	180
Jetons	140
Médailles	340
Pièces non classées	300
	4,305

GROS OBJETS

de diverses époques, laissés hors du Musée à cause de leur poids
ou de leur volume.

1. Moulage d'une pierre gravée de Gavr'iniz, donné par M. A. Maître,
du Musée de Saint-Germain.

2. Moulage d'une autre pierre de Gavr'iniz, donné par le même.

3. Stone cist ou coffre de pierre, provenant d'un cimetière de
Quibéron.

4. Meules en granit et fragments, provenant de diverses localités
du département.

5. Fragment de statue grecque, en marbre, représentant une
personne agenouillée.

6. Fragment d'un bas-relief en marbre, avec l'inscription grecque :
... ΙΟΝ . ΔΗΜΙΙΤΡΙΟ... ΘΥΓΑΤΗΡ . ΧΡΗΣΤΗ . ΧΑΙΡΕ.

7. Fragment d'un bas-relief grec, représentant un fronton.

8. Borne milliaire en granit, de Saint-Christophe, en Elven; inscription : MAGNO. IMP. CAES. AVRELIAN. INVICTO. TRIB. POT.
III. P. P. P. A. D. M. haut. 2 mètres.

9. Borne votive en granit, trouvée à Lescorno, en Surzur : IMP.
CAES. PIAVONIO. VICTORINO. PIO. FELICI. AUG. hauteur : 1 mèt.

10. Briques romaines, tuyaux d'hypocaustes, modillons, mosaïques
et fragments divers, provenant du Lodo et d'ailleurs.

11. Deux blocs de marbre rose, provenant du Lodo en Arradon.

12. Feuille de plomb, provenant d'une cuve, trouvée au Lodo.

13. Fragment de dolium en terre cuite, trouvé près Saint-Symphorien.

14. Lech en granit, trouvé à Crach, portant le dessin d'une croix et
l'inscription : LAPIDEM. HERANISEN. FIL. HERANHAL. AMIE......
RAN. HUBRIT.

15. Fragments de la statue tumulaire, en marbre, d'Arthur II, duc de
Bretagne, mort en 1312, provenant des Cordeliers de Vannes :
don de M. L. Galles.

16. Fragments de la statue tumulaire, en marbre, de Jean de Malestroit,
seigneur de Kaer, mort vers 1416, provenant des Cordeliers de
Vannes : don du même.

17. Fragments de la statue tumulaire, en marbre, d'Yolande d'Anjou, duchesse de Bretagne, morte en 1440, provenant des Cordeliers de Vannes : don de M. L. Galles.

18. Moulage de la tête de l'ancienne statue tumulaire de Clisson, à Josselin : don de M. de Bréhier.

19. Pierre tumulaire, en granit, d'un chanoine de Vannes, portant l'inscription : R. C. V... NE. QVONDAM. CANON. VENETEN. CVIVS. ANIMA. REQVIESCAT. IN. XPISTO. IHV. DNO. NRO. — Chapelle Saint-Jean, près Saint-Pierre.

20. Fragment d'une pierre tumulaire, en ardoise, de la cathédrale : D. M. S. FRANCISCO. SENE. ET. MARIE. GUILLEMOT. PIIS. PARENTIBVS. FRANCISCVS. SENE. HVIVS. ECCLIE. CANONICVS. POSTERITATIS. ERGO. POSVIT. 1560.

21. Statue mutilée, en pierre blanchâtre, provenant de la Visitation de Vannes : don de M. L. Galles.

22. Fragments d'un autel en pierre blanche, de la chapelle des Vertus, en Berric : don de M. L. Galles.

23. Pierre armoriée, provenant d'une maison de la place Cabello, à Vannes.

24. Dalle en granit, portant un écusson à quartier et croissant renversé : don de M. Le Roch.

25. Manteau de cheminée, de Coétec, près Vannes : écusson chargé d'un aigle et soutenu par des sirènes.

26. Landier en fonte, de Kivalan, en Brech, figurant un homme tenant un écu : don de M. Humphry.

27. Deux landiers en fonte, de Vaudequip, en Allaire, à têtes de bélier : dépôt de M. de Virel.

28. Landier en fonte, de Kangat, en Plumelec, donné par M. Talbot.

29. Plaque de cheminée, en fonte, du château de Pontivy, aux armes de Rohan-Chabot : dépôt.

30. Plaque de cheminée, en fonte, de l'ancien Évêché, aux armes de Mgr d'Argouges, 1696 : don de M. de Roquefeuil.

31. Pierre de la citadelle de Belle-Ile : NICOLAVS. FOVCQVET. PR. GS. ÆRIS. PRÆF. GALLIÆ. MI. PR. M. VI. LXI : don de M. Plassiard.

32. Linteau de porte de l'ancien beffroi de la mairie de Vannes, portant la date de 1583.

33. Bas-relief provenant de la porte de la chapelle des Carmélites de Nazareth, représentant le baptême de J.-C. et la décollation de Saint-Jean.

34. Cadran solaire, en ardoise, de 1743.

35. Tête de monstre, provenant de Knascléden.

36. Boulet en pierre, du château de Guémené.

37. Fragment de marbre et d'inscription.

38. Deux charniers anglais, ayant servi en 1795 à l'expédition de Quibéron.

39. Caïak et agrès d'Esquimaux, donnés par M. le Dr Mauricet.

40. Poids de 12 livres : don de M. de Limur.

41. Tête en marbre du roi Louis-Philippe.

FIN.

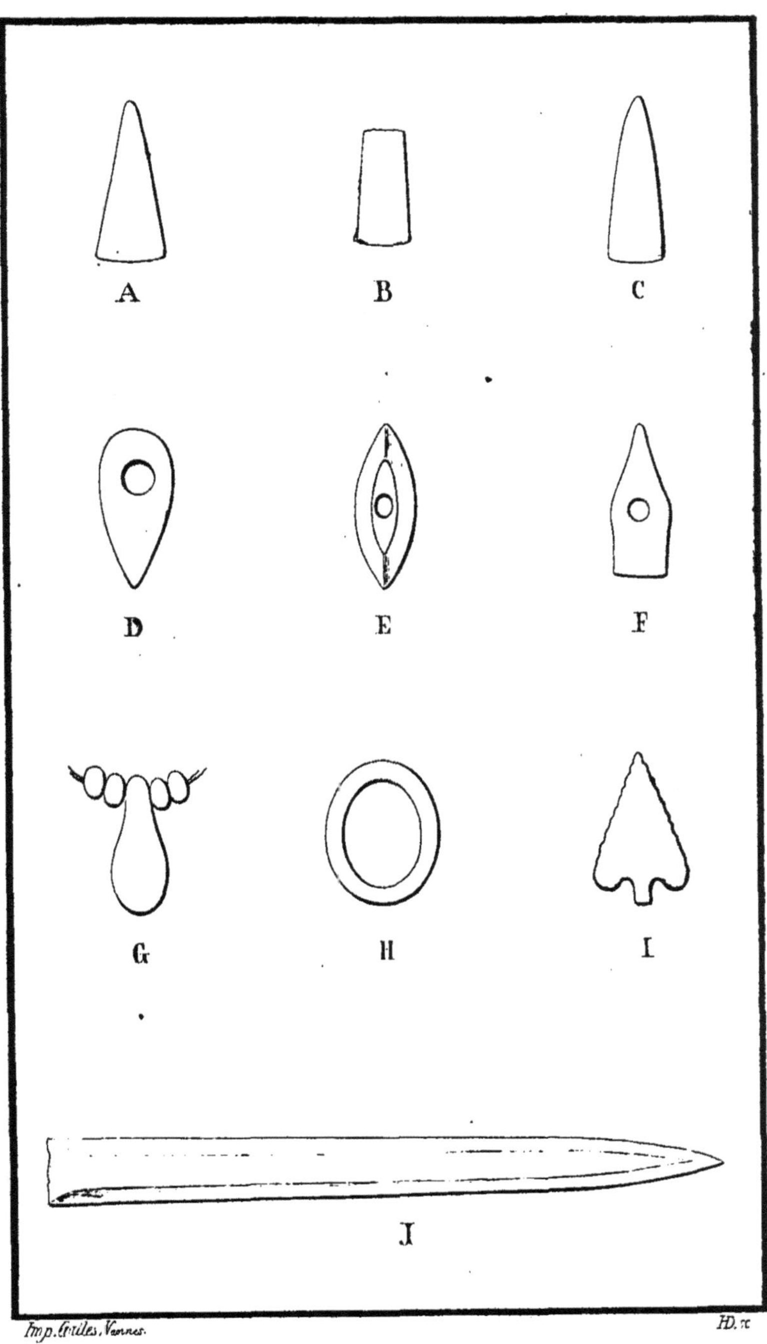

A
B
C
D
E
F
G
H
I
J

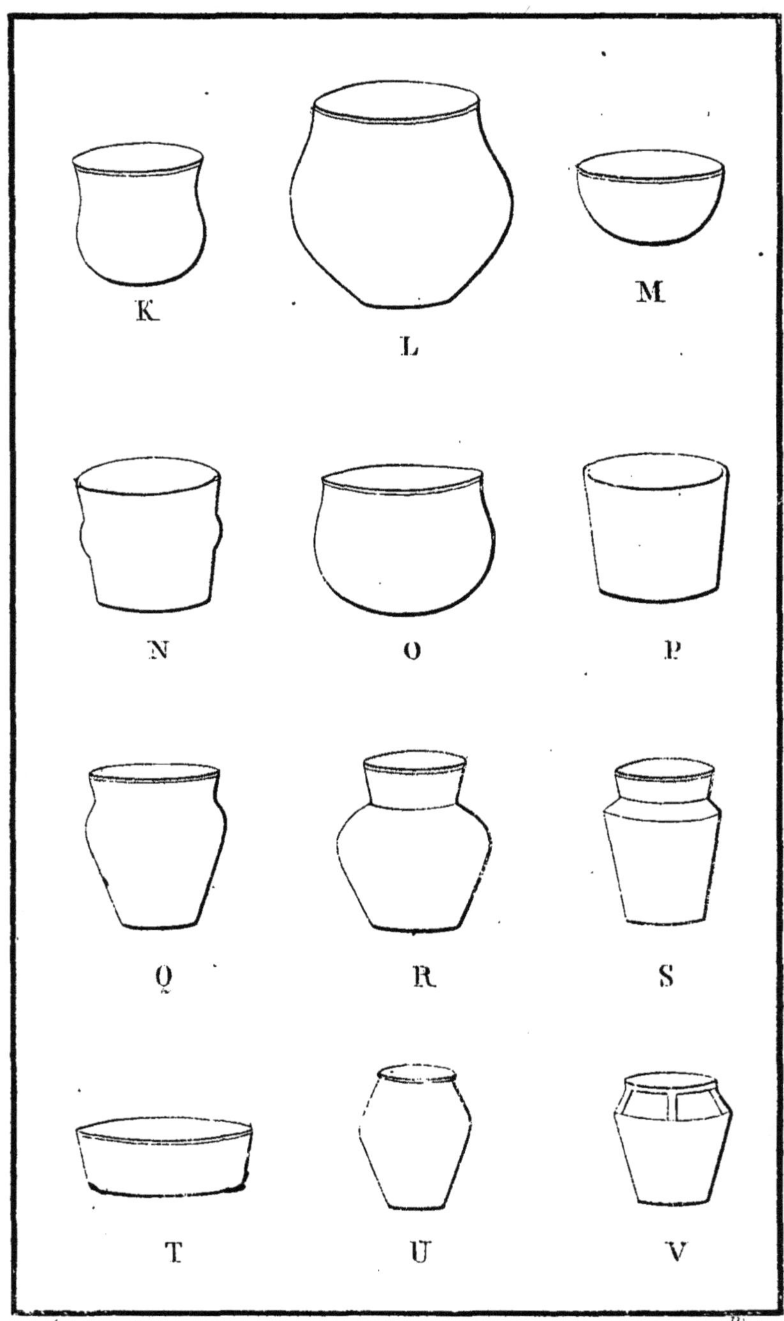

K
L
M
N
O
P
Q
R
S
T
U
V

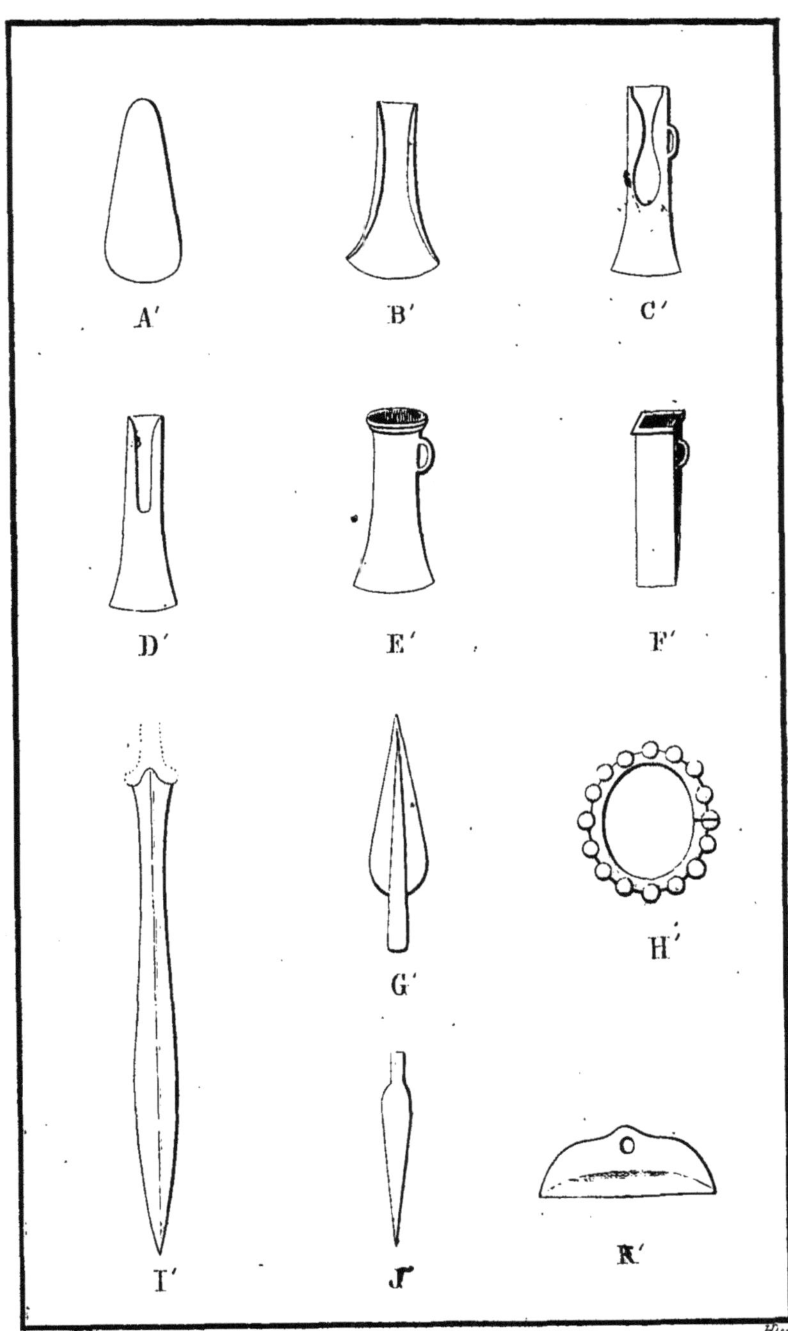

A'
B'
C'
D'
E'
F'
I'
G'
H'
J'
K'

www.ingramcontent.com/pod-product-compliance
Ingram Content Group UK Ltd.
Pitfield, Milton Keynes, MK11 3LW, UK
UKHW020936120726
13693UKWH00003B/1365